# JOVENS EMPREENDEDORES
## LÍDERES DO BRASIL QUE DÁ CERTO

# JOVENS EMPREENDEDORES
## LÍDERES DO BRASIL QUE DÁ CERTO

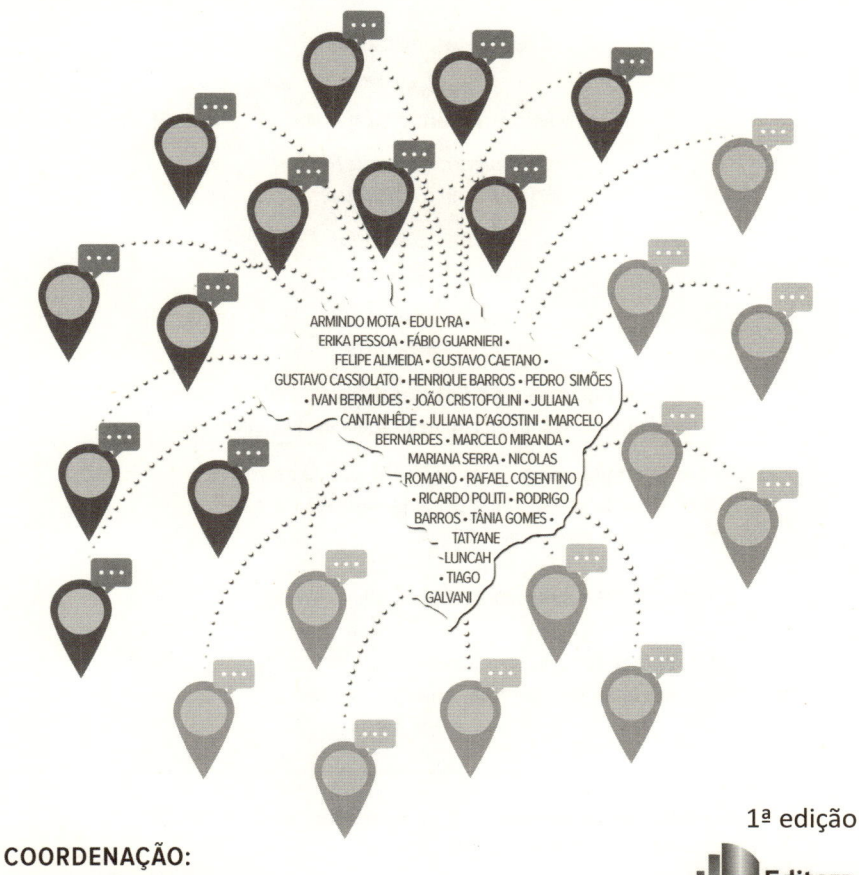

ARMINDO MOTA • EDU LYRA •
ERIKA PESSOA • FÁBIO GUARNIERI •
FELIPE ALMEIDA • GUSTAVO CAETANO •
GUSTAVO CASSIOLATO • HENRIQUE BARROS • PEDRO SIMÕES
• IVAN BERMUDES • JOÃO CRISTOFOLINI • JULIANA
CANTANHÊDE • JULIANA D'AGOSTINI • MARCELO
BERNARDES • MARCELO MIRANDA •
MARIANA SERRA • NICOLAS
ROMANO • RAFAEL COSENTINO •
RICARDO POLITI • RODRIGO
BARROS • TÂNIA GOMES •
TATYANE
LUNCAH
• TIAGO
GALVANI

**COORDENAÇÃO:**
**GEOVANA DONELLA**
**& ANDRÉIA ROMA**

1ª edição

Editora **Leader**®

São Paulo, 2016

Copyright© 2016 by Editora Leader
Todos os direitos da primeira edição são reservados à **Editora Leader**

*Diretora de projetos*
Andréia Roma

*Diretor executivo*
Alessandro Roma

*Projeto gráfico e diagramação*
Roberta Regato

*Capa*
Marcelo Bernardes

*Revisão*
Miriam Franco Novaes

*Consultora de projetos*
Érica Ribeiro Rodrigues

*Gerente Comercial*
Liliana Araujo Moraes

*Impressão*
Prol Editora Gráfica

**Dados Internacionais de Catalogação na Publicação (CIP)**
Bibliotecária responsável: Aline Graziele Benitez CRB8/9922

J77 Jovens empreendedores: líderes do Brasil que dá certo /
coordenação de Geovana Donella, Andréia Roma. –
1.ed. – São Paulo: Leader, 2016.

ISBN: 978-85-66248-59-3

1. Empreendedorismo – jovem. 2. Liderança. 3. Administração de empresa. I. Roma, Andréia. II. Título.

CDD 658.314

**Índice para catálogo sistemático:** 1. Empreendedorismo 658.314
2. Administração de empresa 658.314

**EDITORA LEADER**
Rua Nuto Santana, 65, 2º andar, sala 3 - Jardim São José, São Paulo - SP
02970-000 / andreiaroma@editoraleader.com.br
(11) 3991-6136

Muito se fala e se escreve sobre empreendedorismo, mas nada melhor que o exemplo na prática para nos inspirar e motivar. Por essa razão idealizei um título com esta temática. Fico muito feliz em ver onde chegamos, pois confesso que, como Editora, não imaginei que teríamos uma elite jovem tão forte, porém jamais poderia deixar de citar aqui uma pessoa que fez com que isso se tornasse realidade, "Geovana Donella", a quem neste livro cito com muito respeito e gratidão. Como coordenadora convidada selecionou um a um dos jovens pensadores que aqui você terá o grande prazer de conhecer seus desafios, estratégias, motivações e comprometimento.

O livro apresenta importantes práticas de empreendedorismo desde a introdução aos exemplos citados pelos coautores que exercem grande influência no âmbito nacional, sendo uma referência para os jovens do agora e das gerações futuras.

Andréia Roma
Diretora de Projetos e
Fundadora da Editora Leader

# ÍNDICE

**Introdução** - Geovana Donella .......... 8
**Prefácio** - Laércio Cosentino .......... 12
**Prefácio** - Romero Rodrigues .......... 15

**Capítulo 1** - ARMINDO FREITAS MOTA JR. .......... 17
INOVAÇÃO UMA PONTE AO FUTURO

**Capítulo 2** - EDU LYRA .......... 27
DESAFIOS DA INOVAÇÃO

**Capítulo 3** - ERIKA PESSOA .......... 35
EMPREENDER DO ZERO – A CORAGEM DE UM DESATIVADOR DE BOMBAS

**Capítulo 4** - FÁBIO GUARNIERI .......... 43
O LONGE É LOGO ALI

**Capítulo 5** - FELIPE ALMEIDA .......... 55
SONHE, PERSISTA, TRABALHE DURO E SEJA LEAL PARA EMPREENDER

**Capítulo 6** - GUSTAVO CAETANO .......... 65
INOVAÇÃO, CULTURA E MANTRAS: O QUE APRENDI COMO EMPREENDEDOR

**Capítulo 7** - GUSTAVO CASSIOLATO .......... 75
OPORTUNIDADES E O CAMINHO PARA O SUCESSO

**Capítulo 8** - HENRIQUE BARROS & PEDRO HENRIQUE SIMÕES .......... 85
DESAFIO É O QUE EMPURRA A GENTE

**Capítulo 9** - IVAN BERMUDES .......... 95
QUAL SEU IMPACTO PARA O MUNDO?

**Capítulo 10** - JOÃO CRISTOFOLINI .......... 105
O FRACASSO, E NÃO A ESCOLA, ME ENSINOU O QUE
SEI SOBRE EMPREENDEDORISMO

**Capítulo 11** - JULIANA CANTANHÊDE .................................................. 117
DE REPENTE... EMPREENDEDORA!

**Capítulo 12** - JULIANA D'AGOSTINI .................................................. 127
EMPREENDENDO COM MÚSICA

**Capítulo 13** - MARCELO BERNARDES .................................................. 133
OS PEQUENOS APRENDIZADOS QUE ME TROUXERAM ATÉ AQUI

**Capítulo 14** - MARCELO MIRANDA .................................................. 139
TIRE A BUNDA DA CADEIRA E INOVE

**Capítulo 15** - MARIANA SERRA .................................................. 149
EMPREENDEDORISMO SOCIAL E *VOLUNTEER VACATIONS*

**Capítulo 116** - NICOLAS ROMANO .................................................. 159
SONHE, ACREDITE E FAÇA ACONTECER

**Capítulo 17** - RAFAEL COSENTINO .................................................. 167
EMPREENDER, A ARTE DE FAZER O FUTURO

**Capítulo 18** - RICARDO POLITI .................................................. 175
PROATIVIDADE, COLABORAÇÃO E MUITO APRENDIZADO!

**Capítulo 19** - RODRIGO BARROS .................................................. 185
VOCÊ É AQUILO QUE VOCÊ FAZ

**Capítulo 20** - TANIA GOMES .................................................. 193
*UNBREAKABLE*

**Capítulo 21** - TATYANE LUNCAH .................................................. 201
A MELHOR HORA É SEMPRE AGORA!

**Capítulo 22** - TIAGO GALVANI .................................................. 213
NÃO HÁ SEGREDO, MAS MUITO TRABALHO!

# JOVENS EMPREENDEDORES

# INTRODUÇÃO

*Ser empreendedor significa, acima de tudo, ser um realizador que produz novas ideias, através da congruência entre criatividade e imaginação.*

(SEBRAE)

O conceito "empreendedorismo" foi popularizado pelo economista Joseph Schumpeter, no ano de 1945, como um dos elementos centrais de sua teoria denominada de 'Destruição Criativa'. Segundo Schumpeter, o empreendedor é alguém versátil, que possui as habilidades técnicas para saber produzir. E, ao mesmo tempo, é um agente capitalista, que consegue reunir recursos financeiros, organizar as operações internas e realizar as vendas da sua empresa.

Faço essa contextualização para dizer o quanto me honra apresentar a obra "Jovens Empreendedores", uma vez que estamos tratando em cada parágrafo do livro de um personagem central para a vida da sociedade e das organizações, especialmente as de caráter privado. São empreendedores os grandes responsáveis pelo progresso social e econômico, por meio da produção de riqueza, geração de empregos, recolhimentos de impostos e inovação.

## JOVENS EMPREENDEDORES

Estudos da ONU (Organização das Nações Unidas) e do SEBRAE (Serviço Brasileiro de Apoio às Micro e Pequenas Empresas) indicam que existem várias características comuns a empreendedores de sucesso. Relembro algumas: iniciativa, persistência, apreço a riscos calculados, comprometimento, metas, planejamento, monitoramento, rede de contatos e autoconfiança. Como os leitores poderão perceber, estas competências encharcam as páginas de "Jovens Empreendedores", cuja maior ambição é demonstrar que jovens visionários e cheios de energia vêm construindo um novo Brasil que dá certo. São mulheres e homens que representam a nova dinâmica do mercado, cujos negócios repletos de propósitos genuínos estão ajudando a desenhar o futuro do mercado e da sociedade brasileira.

O Brasil encontra-se em uma das mais importantes posições mundiais na Taxa Total de Empreendedorismo (TTE), que em 2015 foi de 39,3%. Isto significa que 52 milhões de brasileiros, nesta condição, criavam ou mantinham seus negócios. Por outro lado, houve um aumento significativo na taxa de empreendedores nascentes de 2014 para 2015. Para se ter uma ideia desse dado, observe-se a TEA (Taxa de Empreendedores Iniciais), que era 17,2% em 2014 e passou para 21,0% em 2015, sendo que o grande impacto disso se deve ao aumento na taxa de empreendedores nascentes, que em 2014 correspondiam a 3,7% e passaram para 6,7%, em 2015.

Nos últimos 100 anos, nosso país vem se equilibrando perigosamente sobre um excessivo contorcionismo de seu modelo de desenvolvimento socioeconômico. Desde o pós-guerra do período getulista, passando pelo desenvolvimentismo dos anos JK, o período ditatorial, a Constituição de 1988, o Plano Real, o bônus demográfico, a crise dos mercados de 2008 e, atualmente, a recessão dos tempos da Lava-Jato. Mas, apesar dos solavancos, o Brasil segue em sua trajetória de lapidar as condições de vida de sua gente - e esse desenvolvimento depende da qualidade de seus empreendedores.

Sabemos das dificuldades e barreiras para empreender e abrir um negócio no Brasil: a capacitação, educação profissional, políticas governamentais e apoio financeiro, entre outras. Positivamente, muitos órgãos estão surgindo para fortalecer todo o ecossistema do empreendedorismo, tais como incubadoras, aceleradoras e *fablabs* (*Fabrication Laboratory*). Mas é urgente também suprir as necessidades com boas políticas gover-

## INTRODUÇÃO

namentais, simplificação da legislação trabalhista e tributária, desburocratização de procedimentos administrativos e desenvolvimento de iniciativas e programas de estímulo aos empreendedores, principalmente no período inicial do ciclo de vida das empresas.

Por outro lado, é necessário um firme suporte financeiro para a adequação de linhas de crédito à realidade dos negócios com flexibilização da exigência de garantias reais. É essencial a adequação dos órgãos de apoio para amplificar suas atividades, facilitando a viabilização dos projetos e garantindo o futuro destes negócios.

O aumento do número de empresas traduz-se numa infinidade de aspectos positivos para a economia do Brasil: incremento da competitividade, maior oferta de empregos, ampliação da massa salarial, arrecadação de impostos, melhor distribuição de renda, aumento no bem-estar social e muitos outros aspectos. O Brasil está entre os países que mais percebem como positivas as oportunidades para empreender e 38% da população brasileira conhece pessoalmente um empreendedor – taxa superior à verificada nos Estados Unidos, Alemanha e Índia. Ficamos abaixo somente da China, 56%, e México, 47,7%.

Em 2010, me questionaram numa entrevista como seria a empresa do futuro. Respondi que a empresa do futuro é a empresa onde trabalha gente feliz! Hoje, acrescentaria: a organização do futuro é o lugar onde trabalha gente feliz e cujos fundadores têm clareza do impacto social de seu negócio e estão comprometidos com o desenvolvimento sustentável da sociedade.

Concluo lembrando o que escreveu David McCleland, da Universidade de Harvard, o que faz a diferença entre o fracasso e o sucesso é aquilo que as pessoas fazem com os recursos que elas têm. Estas palavras inspiraram meu olhar na qualidade de coordenadora do livro "Jovens Empreendedores". Com essa perspectiva fui garimpando um 'cast' e elegendo casos relevantes e com clara evidência de empreendedorismo. O resultado foi que pudemos identificar um rico ecossistema de iniciativas, marcadamente com o DNA dos jovens que estão amalgamando um Brasil que dá certo. Neste livro estamos contando a história de 23 incríveis empreendedores de sucesso.

Finalmente, expresso minha gratidão a cada um dos coautores que

## JOVENS EMPREENDEDORES

aceitaram o convite para compor esta obra e dedicaram seu tempo a contar experiências com o objetivo de impactar e mobilizar novos empreendedores para que acreditem em seus sonhos, realizem seus propósitos de vida e fomentem seu crescimento profissional e pessoal. Esses jovens acolheram generosamente nosso convite e estão deixando aqui a sua pegada transformadora. Agora, poderão inspirar ainda mais a vida de todas as pessoas que, direta ou indiretamente, irão estabelecer conexão com seus negócios e transformar o futuro da sociedade brasileira, com o desenvolvimento que desejamos e que bate a nossa porta!

Aproveitem suas histórias. Boa leitura!

(Fonte dos dados: GEM-2015)

### Geovana Donella

Conselheira de administração em empresas familiares e consultora especializada em Governança Corporativa e Gestão de Empresas.
CEO e fundadora da Donella & Partners, membro do conselho de administração da Suhai Seguros, do conselho consultivo da Mendes Miguel, do *board* da
Enactus-Brasil/ INSPER-SP e da ONG Locomotiva. Bacharel e licenciada em Matemática, pós-graduada em Administração Industrial pela POLI-USP, MBA em Gestão de Franquias pela FIA e Conselheira de Administração pelo IBGC.
Atuou como presidente do Cel Lep, como COO - Chief Operation Officer do Grupo Multi Holding (atual Pearson) e superintendente da Alcoa Alumínio.
Mentora da Endeavor Governança Corporativa e da Liga Empreendedores Insper, membro do Mulheres do Brasil e do Women Corporate Directors (USA).
Atualmente, é membro do Instituto de Governança Corporativa – IBGC e fez parte da 40ª turma de conselheiros, faz parte do grupo de professores convidados de Governança da Fundação Dom Cabral – FDC e de vários MBA´s em Governança Corporativa.
Exerceu o cargo de professora titular (Cálculo I e II) do Departamento de Matemática da Fundação Instituto Tecnológico de Osasco, atuou em cargos de alta direção, foi executiva em companhias nacionais e multinacionais.
Palestrante e fonte de informação sobre diversos temas, entre os quais Governança Corporativa em Empresas Familiares, Sucessão em Empresas Familiares e Diversidade nos Conselhos de Administração.
Coautora dos livros "Mulheres Inspiradoras" (2015) e "A Nova Gestão na Era do Conhecimento" (2016), ambos pela Editora Leader.

(11) 4195-3135
geovana@donella.com.br

## JOVENS EMPREENDEDORES

# PREFÁCIO

Empreender é uma busca constante por novos desafios em todos os momentos e esferas da sociedade. Mesmo neste cenário especial do nosso país, podemos desenvolver comportamentos para a geração de negócios inovadores.

A ONU atribui, com base em estudos do professor de Harvard David McClelland, algumas competências que afirmam que todos nós possuímos uma motivação interna para o crescimento. Destaco a seguir algumas dessas características que podem ser adquiridas e aplicadas em qualquer empresa.

Começo com a busca constante de oportunidades, uma espécie de faro para o sucesso, que é um conjunto de atitudes realizadas com o intuito de expandir ou diversificar os negócios, quer seja com produtos ou serviços.

A seguir, menciono a persistência, delineada como uma força de vontade para superar eventuais dificuldades que possam aparecer no caminho. Acrescento aqui a coragem de correr riscos calculados, sobretudo pela necessidade de agir mesmo em tempos difíceis.

A eficiência e a qualidade são pré-requisitos de uma entrega eficaz. Ambas são desejadas pelas organizações e pelo mercado, somadas ao conceito de fazer tudo melhor, mais rápido e com menor custo possível.

Questões como a necessidade de planejamento, detalhamento de processos e gestão profissional são fundamentais para o estabelecimento de metas desafiadoras para todos os envolvidos.

Outra característica vitoriosa é o poder de liderança e influência que o empreendedor exerce sobre pessoas que podem facilitar a ampliação do empreendimento. Esta capacidade de criar uma rede de relacionamentos impulsiona os resultados e torna mais breve o seu alcance.

Ser empreendedor também é ser independente e isto acarreta a necessidade de autoconhecimento e a geração de uma autoconfiança imbatível a fim de superar eventuais mudanças de curso, provocadas por fatores externos imprevisíveis, como problemas na economia, escassez de capital humano e outros.

Ressalto também que é fundamental que o empreendedor esteja muito comprometido consigo mesmo para transformar desafios em resultados, assumindo sua responsabilidade com clientes, fornecedores, colaboradores e demais *stakeholders* do negócio.

É preciso lembrar que existe a categoria de intraempreendedores. São diretores, gerentes e até mesmo demais colaboradores da empresa, que demonstram comportamentos empreendedores em busca de maior produtividade e ganhos para seus departamentos ou projetos, com muitas ideias e ações efetivas.

Finalizando, é preciso se dedicar bastante, ficar atento a novas oportunidades e seguir empreendendo. Colocar uma meta nova antes mesmo de alcançar a que já havia planejado é uma forma de obter grandes conquistas. Garanto que neste livro certamente você encontrará ótimos exemplos do que abordei aqui, além de histórias que podem inspirar você a se tornar um empreendedor de muito sucesso.

Interprete o mundo e queira mais...
É o primeiro passo para empreender!

Laércio Cosentino
CEO da Totvs

## JOVENS EMPREENDEDORES

# PREFÁCIO

Grandes empreendedores são também, quase sempre, grandes simplificadores. Eles passam por desafios, criam soluções e se destacam no mercado.

Esta obra nos apresenta empreendedores que conquistaram este título por se destacarem com sua genialidade em oferecer grandes soluções.

Recomendo a publicação como livro de cabeceira para empreendedores e líderes que querem voar ainda mais alto.

Abraços!

Romero Rodrigues
CEO e fundador do Buscapé

# JOVENS EMPREENDEDORES

## ARMINDO FREITAS MOTA JR.

# INOVAÇÃO, UMA PONTE AO FUTURO

## ARMINDO FREITAS MOTA JR.

Formado em Administração de Empresas pela Faculdade Estácio de Sá, Rio de Janeiro.
Atuou por mais de cinco anos no mercado financeiro, especialmente com mercado de câmbio.
Fundou a Wappa aos 21 anos, primeira empresa brasileira de pagamentos móveis.
Hoje, CEO e *board member* da Wappa, maior empresa brasileira na gestão de despesas para o mercado corporativo através da mobilidade.
*Board member* das empresas Expense Mobi e Vaimoto.

(11) 5102-2730
armindo.mota@wappa.com.br
www.wappa.com.br
São Paulo/SP

## JOVENS EMPREENDEDORES

A curiosidade por tudo a nossa volta, de saber de onde viemos e para onde iremos, sempre foi peça fundamental para minha inquietude de aprender cada vez mais, buscar aprender cada detalhe do mundo ao nosso redor.

Conhecer empresas, mercados, nosso planeta e até mesmo tentar entender o que se passa fora do nosso mundo me faz pensar na imensidão de aprendizado que ainda está para vir e o quanto cada um de nós pode contribuir para um novo momento e nos aproximar cada vez mais do futuro.

Acredito que tudo que sou hoje começou lá atrás na minha infância e agradeço muito aos meus pais, pois morava num lugar muito especial, apesar de ser no Rio de Janeiro, num condomínio praticamente dentro de uma floresta, aliás, o nome do condomínio era exatamente esse, Floresta. Esse contato constante com a natureza e poder explorar um mundo desconhecido, cercado por uma imensa diversidade de flora e fauna, me despertava a todo momento para o novo.

Fiz toda a minha vida escolar no mesmo colégio no Rio de Janeiro, o Anglo Americano. Nunca fui um excelente aluno. Minha vontade mesmo era ser jogador de futebol, e jogava realmente muito bem, acabei não seguindo esse caminho, mas fico muito feliz pelo outro caminho traçado.

Justamente por amar o futebol e praticamente não estudar, acabei repetindo a sexta série. O que parecia uma bomba, ter de repetir todo um ano e ter de fazer novos amigos, me levou desde cedo a aprender a conviver com a resiliência.

Havia algumas matérias em que eu era extremamente bom, como geografia e matemática, e acho que foi por gostar de números que me formei em Administração de Empresas.

Entrei na faculdade aos 17 anos e logo no segundo período já comecei a trabalhar numa corretora de câmbio, foi meu primeiro emprego e um dos maiores aprendizados da minha vida. Comecei trabalhando no caixa, trocando dólares em papel. Foi um primeiro contato com o público e também com o desafio de fechar todos os dias o caixa, tendo de bater os centavos.

Em pouco tempo já estava operando na mesa de câmbio, fui promovido e com dois anos de empresa era o responsável por toda operação que a corretora fazia no mercado. Apesar das oportunidades e da confiança em mim depositada pelos sócios, estava ficando muito sobrecarregado e já não havia mais tantos desafios assim. Decidi, então, deixar a corretora e parti em busca de construir algo novo e empreender. Um amigo me chamou para investirmos num time de futebol da segunda divisão do Rio de Janeiro.

Através do presidente do Serrano Futebol Clube, iríamos cuidar inicialmente dos juniores, mas participando de tudo do clube e do time profissional. Era um clube em Petrópolis (RJ), uma região deliciosa onde passei muitos finais de semana com minha família.

Não foi um desafio fácil, pois tivemos de montar desde a base dos jogadores, fazendo peneiras e mais peneiras, até negociar com patrocinadores e federações.

No primeiro ano do empreendimento, o time de juniores não ia muito bem e o time profissional conseguiu ser campeão da segunda divisão, mas ainda faltava disputar um quadrangular final para chegar à primeira divisão. Estávamos muito animados com essa ascensão, mas o time não foi bem e não conseguiu as vitórias necessárias para mudar de divisão. Com essa derrota e alguns desentendimentos sobre a gestão do clube, acabamos desmotivados em seguir em frente e decidi então deixar o clube e esse empreendimento.

Estávamos no ano de 2001 e a *internet* começava a dar os primeiros passos com a construção de negócios, principalmente *e-commerce*. Até pensei em voltar para o mercado financeiro, mas a vontade de empreender e ter o próprio negócio eram mais fortes do que eu.

Juntei-me a outro amigo que também estava muito disposto a empreender e começamos a buscar mercados onde a tecnologia faria sentido. Tínhamos outros amigos que também estavam buscando empreender, hoje suas empresas se transformaram na Vtex e a Sacks, duas gigantes do *e-commerce* nacional.

Com a Vtex, temos um capítulo à parte, pois nosso primeiro escritório foi dentro dessa empresa, tínhamos pouco mais de 10m2.

Iniciamos fazendo uma análise setorial e encontramos no mercado de vale refeição uma oportunidade muito interessante para introduzir uma nova tecnologia. Nessa época existia uma ineficiência gigantesca nesse mercado, pois as empresas faziam pedido pelo telefone dos *tickets*, as empresas administradoras emitiam aquele famoso papel em gráficas muitas vezes próprias, e enviavam até as empresas em carros fortes.

## JOVENS EMPREENDEDORES

Pensamos num primeiro momento em fazer uma plataforma eletrônica que ligasse as empresas administradoras às empresas compradoras, intermediando esse relacionamento e otimizando os pedidos que eram realizados por telefone.

Mas as administradoras, por serem em sua maioria grandes multinacionais, já estavam dando os primeiros passos na *internet* e ensaiando a migração para os cartões, alguns com *chip offline* e outros com tarjas magnéticas.

Para que pudéssemos ser competitivos, precisávamos de algo a mais. Foi então que num *brainstorm* dentro da Vtex tivemos um *insight*: por que não usar o celular para ser esse meio de pagamento mais evoluído que os cartões?

O conceito era muito bacana, mas olhando o setor de telecomunicações em 2002 as operadoras estavam num momento pós-privatizações e dando os primeiros passos para ganhar escala no mercado de voz. Estávamos dispostos a encarar esse desafio e partimos para desenvolver a plataforma Wappa, que nesse meio-tempo ainda não tinha nome.

Naquela época só existiam duas tecnologias nas operadoras, o WAP (*Wirelless Aplication Protocol*) e o SMS (*Short Message System*). O nome Wappa acabou tendo alguma influência do WAP, que era a *internet mobile* da época, e estava muito longe de ser realmente um acesso à *internet* pela demora e os poucos recursos disponíveis.

Desenvolver a plataforma Wappa desde o início foi um grande desafio, pois nenhum dos sócios era desenvolvedor e não tínhamos uma complementaridade de funções, muito importante para empresas nesse estágio.

A primeira operadora com quem falamos, no Rio de Janeiro, foi a Telesp Celular, mais tarde Telefonica. Éramos sempre muito bem recebidos pelas operadoras, mas ficava aquele ar de desconfiança, o que aqueles dois garotos estavam querendo parecia ser de outro mundo naquele momento. Queríamos nos conectar no *gateway* de SMS das operadoras e no portal WAP para que pudéssemos transacionar através da rede das operadoras. O fato positivo é que falávamos que queríamos pagar pelo tráfego de dados e os mesmos entendiam que esse seria o grande futuro na receita para as operadoras, mas aqui no Brasil ainda estavam preocupados em estabilizar as operações e conquistar base de usuários.

Foram praticamente três anos desenvolvendo a plataforma, convencendo as operadoras a serem nossas parceiras e fazendo *road shows* com todo tipo de interessado em investir na companhia. Em 2004 conseguimos enfim finalizar a primeira versão da plataforma e conectar nas quatro operadoras existentes, faltava agora conseguir um cliente para facilitar o processo de investimento na companhia. Muitos investidores gostavam da ideia, mas queriam ver rodando na prática.

A plataforma Wappa estava preparada para atuar em várias outras linhas de despesas nas empresas, como gestão de combustível, farmácia, frota e inventamos mais um, que seria o táxi. Onde a tecnologia pudesse substituir o papel dentro das empresas criamos na plataforma, mas a cereja do bolo mesmo eram os produtos refeição e alimentação, em que o volume na época era da casa de dezenas de bilhões de reais.

Através de um mentor que virou sócio nosso no começo, conseguimos trazer alguns executivos do Unibanco para testar a ferramenta em alguns restaurantes do Shopping Eldorado, na cidade de São Paulo. Tínhamos agora de convencer os restaurantes a receber pagamentos via celular, de uma empresa que nunca haviam escutado antes, parecia meio insano, mas escolhemos grandes redes que tinham mais estrutura e estavam mais abertas a inovações.

Uma das formas de confirmar o pagamento para o restaurante era via *internet* e nisso o restaurante America, que tinha *internet* no caixa, foi perfeito. O teste foi feito com os executivos durante um mês e agendamos um almoço com todos na primeira vez para presenciarmos aquele momento. Foi uma emoção muito grande ver o "filho" nascer. Todos conseguiram realizar o pagamento de suas refeições através da Wappa, acessando nosso portal via celular. Imagino que a grande maioria que estiver lendo não saberá exatamente do que estamos falando, já que hoje os *smartphones* são praticamente o sinônimo de *internet*. No final de 2004 conseguimos o investimento de dois fundos de duas gestoras diferentes, DGF de São Paulo e MVP do Rio de Janeiro.

Bom, a Wappa ficava no Rio de Janeiro e uma das exigências dos nossos novos sócios era a contratação de um CEO do mercado de benefícios e a vinda da empresa para São Paulo, ou ao menos que a nova estrutura comercial estivesse na cidade.

Os fundos começaram a me pressionar a tentar resolver esse impasse que realmente estava colocando todo aquele sonho em risco e não viram alternativa a não ser a minha vinda para São Paulo com todo o time para ajudar a companhia a dar os seus primeiros passos, além de começar a analisar a performance do CEO recém-contratado.

Bom, enfim, quando o CEO conseguiu iniciar as atividades com meu apoio em São Paulo, começamos a identificar que estávamos muito à frente do tempo, principalmente no que tange à cultura do mercado. As empresas gostavam muito da plataforma quando apresentávamos, mas para ganharmos escala e aderência do serviço precisávamos estar em padarias, restaurantes, botequins etc. Imagina falando com o dono de um botequim que ele receberia um pagamento através do celular. Era realmente desafiador.

Outro limitador importante foi que recebemos metade do investimento pedido e começamos a fazer um erro comum em *startups* recém-investidas: gastar dinheiro sem fazer muita conta. Acontece que na outra ponta o serviço não conseguia ser vendido. Foi então que começamos a analisar outros produtos que tínhamos na plataforma que resolvessem de forma eficiente os problemas dos clientes e que fosse um caminho para encontrarmos a rota do nosso crescimento.

Analisando a utilização de táxi pelas empresas começamos a identificar que ali existia uma grande oportunidade para avançarmos com a nossa solução. As empresas utilizam cooperativas de táxi e usavam aquele famoso boleto ou *voucher* de táxi que até hoje tem utilização. De forma involuntária mas previsível desde o começo na plataforma acabamos por esbarrar em um mercado gigantesco, que movimenta mais de 20 bilhões de reais no Brasil.

Foi então que em uma visita a um grande banco estrangeiro, o Citibank, que começamos a testar a nossa solução de gestão de despesas de táxi. Começávamos ali a testar um conceito de substituir o boleto em papel por uma solução eletrônica, usando o celular como meio para fazer o pagamento das corridas de táxi e a empresa acompanhar o que estava sendo gasto pelos seus colaboradores.

Fomos então entendendo cada demanda desse cliente e preparando nossa plataforma para atender as suas necessidades, sabendo que em algum momento serviria para os novos clientes que viriam. Noventa por cento da plataforma da Wappa hoje foi construída pelos nossos clientes.

A empresa dava sinais de que começava a encontrar um caminho de crescimento, mas a receita ainda era muito pequena e tivemos de buscar mais uma rodada de capital para novos investidores num formato bem diferente que pudesse, dentro de nossas limitações, buscar o equilíbrio financeiro.

Buscamos manter a parte de tecnologia acompanhando as evoluções que surgiam pelo mundo e no Brasil. Em 2010 lançamos a primeira versão do Aplicativo Wappa, logo após o lançamento do primeiro iPhone.

Toda operação ainda era atendida por cooperativas de táxi, e chegamos a ter mais de 400 em todo o Brasil para atender nossos clientes. Quando uma empresa contratava a Wappa em média tinha uma redução de 40% das despesas com táxi, pois o uso do boleto trazia muita ineficiência e uso indevido dentro das empresas.

Havíamos resolvido toda necessidade do cliente no que tange à gestão da despesa, substituindo o papel pela nossa solução eletrônica, mas ainda havia uma ineficiência muito grande no pedido do táxi. Os usuários tinham de ligar nas cooperativas, se identificarem e aguardar muitas vezes 30 minutos até a chegada do táxi, que em horários de pico muitas vezes nem chegava.

O mercado de tecnologia avançava rapidamente com o crescimento da base de *smartphones* e suas tecnologias embarcadas, foi então que decidimos criar nosso próprio aplicativo para a base dos taxistas, inicialmente das cooperativas credenciadas Wappa. Em paralelo começavam a surgir alguns aplicativos também de chamada de táxi para as pessoas físicas. Quase a totalidade desses aplicativos procurou nossa companhia, pois já éramos uma grande origem de corridas e naquele momento eles estavam precisando gerar volume nos taxistas cadastrados.

Em meio a um turbilhão de novidades, mais de 12 horas de trabalho por dia, nasceu minha filha Manuela, a Manu, essa foi realmente a minha melhor criação e mudou completamente minha vida para melhor, trazendo mais serenidade e compreensões que antes passavam despercebidas. Minha esposa, Sandrine, que sempre foi *workaholic*, também esteve ao lado o tempo todo apoiando.

Em 2013 começamos a chegar num gargalo operacional grande, pois crescíamos num ritmo em que as cooperativas não conseguiam mais adicionar carros pelo seu alto custo e pela invasão dos aplicativos, nenhum taxista queria mais pagar caro para as cooperativas já que agora tinham outra opção de gerar mais corridas. Tentamos convencer muitas delas a diminuírem os custos, ajustar modelo de negócios etc., mas era um modelo muito antigo e com muita resistência a mudanças, tivemos então a melhor decisão estratégica da companhia em toda sua trajetória, fazer seu próprio aplicativo para os taxistas e verticalizar de vez.

Colocamos em prática então um plano de expansão geográfica para cadastramento de taxistas, cruzando com nossas maiores demandas de clientes, tivemos de criar uma série de KPIs para pilotar esse novo momento e entender o que realmente acontecia em nossa operação. O crescimento dos aplicativos no mercado também ajudou em nosso crescimento, pois o que parecia uma concorrência naquele momento ajudou a abrir mais o mercado e a tangibilizar para onde o mesmo iria.

Para fechar o ano com uma mudança fantástica da empresa, nasceu minha outra filha, Maria Eduarda, a Duda, a responsabilidade cresceu ainda mais de fazer a companhia tracionar mais rápido, mas completou nossas vidas. Sempre fiz questão de ser um pai presente, e conciliar tudo isso não é fácil.

Buscamos acelerar nosso crescimento e ao final de 2015 já tínhamos mais de 3 mil empresas clientes, muitas dessas os principais grupos econômicos do país. Enquanto os aplicativos travavam disputas sem fim para ofertar corridas de graça para as pessoas físicas em troca de *market share*, nós tratamos de fazer o dever de casa direito e construir uma máquina de vendas para o mercado corporativo. Crescemos 100% em 2015, deixando a companhia cada vez mais preparada para alçar novos desafios.

Como fizemos uma entrega muito positiva para os clientes, sempre fomos muito demandados para desenvolver outros serviços, buscamos não desfocar e aumentar a dianteira em relação à concorrência, mas em 2015 percebemos que já estávamos bem maduros para diversificar e adicionar novos serviços. Fizemos inicialmente um investimento na empresa Expese Mobi, que tem um aplicativo e uma plataforma para gestão de reembolsos para colaboradores e controle de quilômetros rodados, e na Vaimoto, empresa que gerencia todo o fluxo de pedidos e gestão das entregas dos *motoboys*, que pode ser para o mercado corporativo ou entregas para *e-commerces*.

São investimentos novos mas que têm demonstrado muita sinergia com nosso negócio principal. Além de ter colocado a companhia em um novo ciclo de inovação e crescimento, passamos a ser percebidos cada vez mais como uma grande plataforma de gestão de despesas para o mercado corporativo através da mobilidade.

Gostaria de agradecer a toda minha família, amigos e parceiros que estiveram ao nosso lado em todos os momentos, e vamos em frente!

## JOVENS EMPREENDEDORES

### EDU LYRA

# DESAFIOS DA INOVAÇÃO

# EDUARDO LYRA

Tem 28 anos, mora na periferia de São Paulo e foi um dos condutores da Tocha Olímpica. É fundador do Instituto Gerando Falcões e autor do livro "Jovens Falcões". Selecionado pelo Fórum Econômico Mundial como um dos 15 jovens brasileiros que podem mudar o mundo, tornando-se parte do *Global Shapers*. Eleito pela revista *Veja* como um dos 30 jovens mais influentes do País, com menos de 30 anos. Premiado como Jovem Empreendedor do ano pelo LIDE e eleito Paulistano Nota 10 pela revista *Veja*. Escolhido como um dos "Rebeldes com Causa" pela grife Reserva e um dos roteiristas do filme *Na Quebrada*.

http://www.edulyra.com
São Paulo/SP

## JOVENS EMPREENDEDORES

Quando eu comecei a 'empreender', eu não sabia o que significava esta palavra. Eu não sabia o que era CNPJ.

Meus conhecimentos sobre o tema eram nulos. Eu nasci numa favela, com meus direitos sociais negados.

Eu dormia num barraco, mais precisamente dentro de uma banheira azul. Banheiro no barraco não existia. Tínhamos de ser muito criativos.

E meu pai acabou ingressando na criminalidade, compondo uma quadrilha que roubava cargas. Essa não é uma história de ficção. É uma realidade.

O que estou compartilhando com vocês eu não li em livros de gestão ou aprendi numa universidade de ponta, aprendi com a vida.

No entanto, embora eu tenha visto muita violência, pobreza, caos social, também vi o sonho. Em meio aos meus dramas sociais, eu ganhei de presente uma grande líder. Minha mãe. Maria Gorete.

Uma negra, diarista, que estudou até a sexta série, mas de uma força incrível. O que minha mãe fazia era turbinar a minha alma e meu coração com coragem. Ela me fazia sonhar.

Todos os dias ela me dizia, em meio à fome: "Filho, não importa de onde você vem, mas, sim, pra onde você vai".

Isso mudou a minha vida. E mudou de verdade. Porque me fez acreditar que eu podia. E tudo começa a partir do momento em que a gente acredita que pode.

O empreendedor é alguém que acredita obstinadamente em sua idade e depois vai atrás pra realizar.

E eu fui. Fui pra faculdade, escrevi um livro chamado "Jovens Falcões". Fundei o Instituto Gerando Falcões, que em quatro anos já inspirou mais de 300 mil jovens de periferias e favelas.

Acabou que o menino pobre, filho de um bandido, foi eleito pelo Fórum Econômico Mundial um dos 15 jovens brasileiros que podem mudar o mundo. Saí na lista da *Forbes* entre os 30 jovens mais influentes do Brasil. E tenho a alegria de ter o meu pai salvo e longe da criminalidade.

Hoje, além de liderar o Gerando Falcões, que possui mais de 15 projetos sociais em periferias, favelas e escolas, invisto meu tempo ministrando palestras em eventos e convenções de empresas de todo o mundo.

As perguntas são: Como voar da favela pra cá? Como sair de uma vida de aceitação, morte social, para uma história de protagonismo? Como deixar de ser um número para empreender e ajudar a criar novas realidades?

Não são perguntas fáceis de responder. Mas eu quero compartilhar com vocês ao menos cinco grandes lições ou competências, a que me dedico dia e noite, e isso acelerou meu crescimento como empreendedor.

**1- Comecei este texto dizendo que não sabia o que significava empreender.** O que era um CNPJ. Verdade! Mas eu sempre tive muita vontade de aprender. Muitas pessoas me perguntam como conseguimos fazer tantas coisas legais na comunidade, sempre digo que as ideias não foram minhas.

No geral eu me cerco de ótimas pessoas e as provoco para me oferecer ideias, *feedbacks* e até críticas. Acho muito importante todo empreendedor não apenas saber ouvir críticas, mas, melhor ainda, ir atrás da crítica.

É como se você construísse uma rede de pessoas que estará atenta e ligada em seus passos e vai te falar a verdade, mesmo que essa verdade doa em você muitas vezes. Mas elas não deixarão de dizer.

As conversas mais transformadoras que eu tive na vida foram com pessoas que não estavam preocupadas em me agradar, mas tiveram a ousadia de olhar fundo nos meus olhos e dizer o que eu precisava saber.

Um empreendedor que se fecha em seu mundo e tem dificuldade em ouvir possui muitas chances de não ir pro segundo tempo do jogo.

Lembro-me de que eu tinha uma apresentação pra fazer, numa empresa global. Eu precisava muito fechar aquela parceria. Montei a apresentação e a submeti para avaliação de cinco pessoas.

Recebi muitas críticas construtivas, apontamentos, ideias. Alterei a apresentação. E depois mais uma rodada de *feedbacks*. Tudo isso durou quase um mês.

No entanto, o resultado é que fui pra reunião seguro, o projeto foi aprovado e, com isso, podemos impactar a vida de centenas de crianças da comunidade.

Cada pessoa tem um ponto de vista diferente do mesmo assunto e isso pode enriquecer seu produto, ideias ou tomada de decisão.

É por isso que sempre ouço pessoas de mundos diferentes. Ouço branco, negro, gestor, marqueteiro, paulista, carioca ou nordestino, homem, mulher, *gay*.

Ouvir é bom demais, mano! Agora, é claro, é muito importante fazer as perguntas certas.

**2- Eu aprendi logo que seria impossível ser um líder de impacto, se eu não aumentasse minha rede de relacionamento.**

Eu era um jovem de periferia, que vivia ilhado na comunidade. Até os meus 23 anos, eu jamais havia ido à Avenida Faria Lima, Paulista etc.

Meu *networking* era o filho do traficante, a tia da mercearia, o treinador do time de futebol. Sempre foram ótimos relacionamentos. Pessoas com quem aprendi muito.

Mas, se eu quisesse influenciar a comunidade, eu precisaria me relacionar com pessoas de realidades opostas.

Como? Isso seria possível? Foi! Estou com 28 anos e tenho a alegria de ter amigos nos dois extremos da sociedade.

Uma prova desta rede é que todos os anos realizamos um jantar para captar recursos para o Gerando Falcões. A entrada é paga, um valor relativamente alto, mas sempre faltam lugares. Na última exibição recebemos cerca de 500 pessoas, entre CEOs, CMOs e seus familiares.

Morria de medo de fazer o jantar e ninguém comparecer. Mas, para minha alegria, realmente consegui construir amizades verdadeiras, que estão ao meu lado por uma causa.

Eu percebi duas coisas sobre fazer amizades. A primeira é que as pessoas adoram se relacionar com gente feliz. A maioria das coisas que acontece ao nosso redor tem o efeito de nos jogar para baixo.

Né, não? O trânsito, a poluição, as notícias ruins, a corrupção, a meta não batida etc. A vida de todos, em alguma medida, é dura pra caramba.

E aí quando você vai se relacionar com alguém é um terror, se esta pessoa estiver pior que você. Te lançando ainda mais para baixo.

Tenho um amigo chamado Geraldo Rufino, empreendedor fundador da JR Diesel. Quando ele me liga meu dia melhora.

Sua risada, como ele mesmo diz, "irritante", invade meu coração e me joga para cima. Eu sinto vontade de estar perto dele e falar com ele. Se passamos uma semana sem nos falar, eu sinto falta.

E aqui está o segredo, se você é realmente uma pessoa feliz, contagiante, seus amigos sentirão falta de você. Todo mundo quer ser feliz e, se você compartilha alegria, você gera valor. Muito valor. E as pessoas vão desejar ser suas amigas.

Receber os outros com felicidade tem um efeito mágico. O efeito de desarmar o outro, de mudar o clima, de acionar o melhor que existe nas pessoas.

Tenho outro grande amigo empresário chamado Roberto Vilela, fundador da RV Ímola, que tem um lema: "Alegria Azul". Roberto repete isso várias vezes durante o dia e também nos encontros que tem com as pessoas.

Ele diz que alegria azul significa ser feliz agora e não deixar para amanhã. Sempre que temos algo agendado, eu vou encontrá-lo animado, pois sei que nenhum assunto será tão importante quanto sermos felizes.

Ele é um amigo pra vida toda. Viu? Este é um exemplo de que na vida nós vamos conhecer muitas pessoas, mas algumas inserem algo muito especial à relação, que faz você querer levar esta amizade para sempre.

Um empreendedor feliz, entusiasmado é muito mais inspirador, influenciador do que um empreendedor chato, cru, amargo.

Quando o assunto é fazer amizades, nós sempre temos de acrescentar um valor imensurável à mesa. Fazendo isso, dificilmente sua mesa ficará vazia.

**3- Outro ponto que não pode faltar a um empreendedor é um propósito.** Eu apareci na lista da *Forbes*! Não foi na seleção dos caras que têm mais grana, mas influência. E eu uso esta influência para causar transformação social.

Dinheiro sem propósito faz ricos serem miseráveis. Não adianta nada ralar pra criar uma grande empresa e ingressar na lista de uma elite brega, desconectada com a realidade do Brasil, que pensa apenas no próprio umbigo.

Dar duro apenas para comprar uma bolsa de 30 mil reais é muito pequeno. Ou adquirir um carro importado de meio milhão de reais. O empreendedor precisa ser muito mais que ostentação.

A história dos *funks* que cantam a ostentação da periferia também tem espaço na elite brasileira. Rico por fora e vazio por dentro.

O que preenche a vida de uma pessoa é um propósito. Um casamento é muito mais equilibrado com um propósito.

Pessoas que trabalham numa empresa que tem um propósito não apenas como ação de *marketing*, mas como sentido de vida, são muito mais felizes e realizadas.

Se você está empreendendo apenas para fazer dinheiro, você tem chances reais de ser um rico infeliz. Se você empreende com o propósito de solucionar problemas, puxar quem está no andar de baixo para o andar de cima e fazer do Brasil um país mais justo, você será bem-sucedido e feliz.

Eu acordo todos os dias e já sei o que devo fazer. Usar todas as minhas habilidades para fazer da comunidade um lugar melhor. Este é o meu "corre"!

É incrível como tudo que mando pra comunidade volta pra mim. Tem um negócio muito doido aqui de mandar e receber em troca e geralmente em dobro.

Qual o seu propósito? Mano, se for só ganhar dinheiro, aproveita e compra uns lenços, porque você vai chorar muito, se sentindo vazio.

**4- A força humana que acho mais transformadora é a persistência.** Digo sempre que aceito que as pessoas sejam mais criativas que eu, mais inteligentes, viajadas, mas não mais persistentes.

Minha história de vida exigiu de mim persistência para atravessar o caos. Um empreendedor que não desenvolve dentro de si a força da persistência está fadado a poucos resultados.

Quem é o líder mais persistente que você conhece? Vale a pena estudar sobre ele. De onde tirava forças para seguir, quando o caminho pedia para desistir.

No meu escritório tenho dois quadros pendurados. Dois gigantes. Um é Muhammad Ali. Outro é Nelson Mandela. O que estes dois negros têm em comum? Um desejo obstinado de continuar.

Isso é persistência. Levantar após ir ao chão requer muita coragem. Eu luto boxe todos os dias com minha esposa. Meu treinador diz que todos um dia vão tombar, mas só se levantam os que têm fome na alma, persistência.

Muhammad tinha uma alma persistente. Ele queria erguer a autoestima do negro americano e sabia que não poderia ficar tombado ao chão. Ele inaugurou uma nova versão do negro americano! Persistência.

E Mandela, grande Mandela. Neste exato momento derramo lágrimas para escrever sobre ele. Estou com as malas prontas. Saio de casa dentro de 40 minutos rumo à África do Sul. Vou estudar inglês, durante um mês, e também visitar a prisão onde Mandela esteve preso.

Somente um homem firme em seus propósitos resistiria viver 27 anos numa prisão. Ele não é um homem, é a própria persistência. Uma persistência negra, que usava camisas coloridas e tinha um sorriso largo e lindo.

Sua persistência fez dele presidente da África do Sul. Fez dele um herói, respeitado no mundo inteiro. É inimaginável aonde pessoas persistentes podem chegar.

Qual o tamanho da sua persistência? Eu digo sempre que tento usar uma persistência elegante. É aquele modo em que você persiste sem perder o charme, a beleza, a compostura.

Sem ferir as pessoas que estão a sua volta, mas encontrando formas de respeitar a todos, no entanto, seguir firme em seus objetivos.

Talvez você esteja lendo este livro num momento crucial da sua vida. Aquele momento em que a única opção parece ser desistir.

Eu não gosto dessa palavra. Desistir é construir um arrependimento na alma. É ter algo para se culpar pela vida toda.

Experimente prosseguir. Vai dar um trabalho maluco. Vai exigir estômago. Você vai ter de engolir sapos. Vai ser taxado de babaca. Às vezes não será recebido.

Mas uma hora, se você persistir, a montanha pode ser movida. É isso, persistência se confunde com fé. E fé faz milagres.

**"Abraços pra todos. É nóis."**

## JOVENS EMPREENDEDORES

### ERIKA PESSOA

# EMPREENDER DO ZERO – A CORAGEM DE UM DESATIVADOR DE BOMBAS

## ERIKA PESSOA

Tem 38 anos, relações públicas e fundadora da Pessoa. Relacionamento com Conteúdo. Idealizadora e CEO da Pessoa. Relacionamento com Conteúdo - agência de relações públicas fundada em 2005 e com unidades em BH e SP -, Erika Pessoa é formada em Gestão da Comunicação pela Syracuse University e Aberje (2013, EUA/BRA/SP), e em Relações Públicas e *Marketing* pela Newton Paiva (1998, 1999, MG). Tem 21 anos de experiência no mercado de Comunicação, onde já atendeu mais de 110 clientes de diversos segmentos e em todo o território brasileiro, tendo desenvolvido de forma personalizada as estratégias de posicionamento de comunicação, marca e reputação de cada um. Além de atender clientes em Belo Horizonte (MG) e São Paulo (SP), já atuou também diretamente nos estados da Amazônia, Amapá, Ceará, Alagoas, Rio de Janeiro e Distrito Federal. Erika conhece profundamente a comunicação e suas interfaces, atuando sempre com resultados efetivos e mensuráveis. É criadora do sistema Entre A Gente, *startup* de mensuração em comunicação, com indicadores exclusivos registrados no INPI e acelerada pelo Sebraetec/Fumsoft. É registrada no Conrerp 3ª Região e jurada do Prêmio Aberje em Minas Gerais e São Paulo. É consultora de comunicação estratégica, palestrante e colunista do Portal Aberje e da Revista PQN.

(31) 3485-7875
erika@pessoacomunicacao.com.br
https://br.linkedin.com/in/erikapessoa
Belo Horizonte/MG

## JOVENS EMPREENDEDORES

Se pudéssemos analisar uma PESSOA, como se comporta desde bebê até se tornar adolescente, poderíamos assertivamente dizer: "Ela tem habilidade para isso ou para aquilo", "Quando crescer, vai trabalhar com isso ou com aquilo", "Se seguir tal carreira, com certeza será uma grande profissional". Mas nem sempre isso é possível. E mais: muitas vezes nem mesmo a própria PESSOA sabe dizer tanto de si a ponto de definir qual caminho exato seguir.

Sem sabermos no que vai dar, geralmente vamos traçando nossa trajetória, atentos ao mercado, à sociedade (que ultimamente muda em uma velocidade muitas vezes incompreensível), sempre tentando acertar.

Foi mais ou menos assim que nasceu a PESSOA Relacionamento com Conteúdo: um encontro meio tímido, mas feliz, de uma PESSOA, um computador e um telefone. Assim também nasceu minha história profissional como relações públicas.

Filha de uma família de três irmãos, tenho orgulho em dizer que fui a primeira a conseguir concluir os estudos e terminar uma faculdade. Minha mãe, Dalva, só conseguiu estudar até a antiga quarta série e minha avó, Zilda, era analfabeta... ainda assim, elas foram verdadeiras guerreiras, mulheres que com o suor do rosto criaram seus filhos com tudo muito melhor do que tiveram em suas vidas. Elas me mostraram o caminho da persistência, da coragem, do inconformismo "do bem", aquele que é exatamente o contrário da "Síndrome de Gabriela" da canção composta por Dorival Caymmi, em 1975, e que ficou notabilizada na voz de Gal Costa: "Eu nasci assim, eu cresci assim..." Crescer ao lado dessas mulheres incríveis (somo aqui minha irmã Adriana) fez com que eu percebesse que a vida pode mudar se a gente mudar, e que tudo é possível ao que crê. Fé e sonhos movem o mundo para gerar frutos e construir o novo!

Desde pequena lembro-me de ter sido chamada várias vezes para resolver conflitos entre familiares ou amigos. Diziam que eu tinha um jeito especial de administrar os relacionamentos e gerenciar conflitos... esse dom me levou a optar pelas relações públicas quando fui prestar vestibular. Ali, ao entrar na faculdade, começou verdadeiramente minha vida profissional, mesmo que eu ainda não tivesse a real noção disso. Como estudava em uma universidade particular, ter um emprego que pudesse pagar meus estudos tornou-se questão primordial. Consegui um estágio na própria universidade, o que possibilitou que eu pagasse os estudos com desconto.

Ao mesmo tempo, o estágio me dava uma visão completa da comunicação e eu tinha ao meu lado mais uma grande mulher que me fez ver o valor da comunicação para a transformação de cenários: minha gerente Angela Camargo, profissional completa, jornalista, publicitária e relações públicas que me adotou como sua mentorada e me ensinou tudo que sabia.

Essa tutoria me levou, aos poucos, a crescer dentro da própria universidade. Passei pelos cargos de coordenadora de comunicação interna, da *internet* (inclusive na implantação de um setor em 1996, quando a *internet* chegava ao Brasil), atuando como *ombudsman* até me transformar em assessora executiva do reitor. Mas, após sete anos de aprendizado, voltei ao mercado de trabalho e provei o gosto da frustração. As portas se fecharam, período em que o que mais ouvia eram frases como "você é muito qualificada", "não posso contratar você por ser muito mais do que precisamos".

Foram 11 meses de "nãos". Até que um dia uma amiga me disse que uma ONG estava em busca de alguém para prestar serviço de comunicação. Eu, já desanimada, pensei: "Já não tenho nada e ainda, agora, vou ajudar uma ONG". Hoje, quando penso nisso, rio da minha fraqueza naquele momento, da minha descrença; pois foi exatamente aquela improbabilidade que fez nascer a PESSOA.

Fui visitar este, que se tornou o primeiro cliente da PESSOA, num dia ensolarado de 2005. Como o cliente ficava na região rural de Betim (cidade da região metropolitana de Belo Horizonte) tive de pegar três ônibus para chegar lá. Duas horas e meia depois consegui chegar mas com uma baixa considerável: eu não teria dinheiro para voltar para casa depois, já que por não saber quanto custava a passagem de ônibus da outra cidade – e que era mais cara do que a de Beagá – eu gastei praticamente tudo na ida. Resolvi não focar no problema. A volta eu resolveria na hora de voltar. Afinal, ali estava minha chance de voltar ao mercado e era aquilo o que mais importava naquele momento. Como em toda história empreendedora, na minha o milagre – ou o impossível, se assim o leitor preferir - se fez presente aquele dia também. Depois de uma excelente conversa com os diretores da instituição social Ramacrisna, estava me preparando para ir embora – e, nesse momento sim, imaginando como conseguiria regressar para minha casa – quando a superintendente me perguntou como eu voltaria. Eu, me mantendo durona, respondi que voltaria de ônibus, que estava tudo certo. Ela, de uma sensibilidade tremenda e uma solidariedade nata, pediu que um colaborador da ONG me levasse até o centro da cidade de Betim! Pronto! Eu, com o coração agradecido e aliviado, já conseguiria chegar ao centro de Belo Horizonte tranquilamente. Em segurança na minha cidade, pensei, eu poderia caminhar mais 15 km a pé até chegar em casa. Tudo certo! Mas aquele primeiro dia da PESSOA me reservou ainda mais um refrigério: o rapaz que me deu carona precisava vir a Belo Horizonte pegar uma peça para o carro dele e, quando eu entrei, ele me disse: "Você é de Belo Horizonte? Estou indo lá na avenida Amazonas. Posso te dar carona até lá. É bom pra você?" Bom pra mim? Internamente eu senti um misto de alívio e alegria. Estava tudo certo! Eu chegaria em casa. E com dinheiro sobrando.

O cliente fechou negócio. Seis meses de trabalho a princípio e renovação se tudo desse certo. Eu estava confiante. Juntei meus únicos bens – um computador e um telefone – e comecei a trabalhar. Criei eu mesma uma logomarca, uma metodologia de trabalho em relações públicas e passei a contactar os veículos de comunicação divulgando a Instituição Social. No meu escritório (que funcionava no quarto do apartamento que àquela altura, com a verba do trabalho para o cliente, eu tinha conseguido alugar) os móveis foram doados por uma amiga que quis dá-los para a paróquia do seu bairro e o padre havia rejeitado porque achou tudo muito velho. Pra mim, parecia novo, lindo, era a agência de relações públicas que sonhei. Tudo ia bem até que, três meses depois, descobri que estava grávida. Meu mundo rodou. O medo voltou. Minha filha Júlia Zilda sempre foi o grande presente que Deus me trouxe, desde o primeiro momento em que descobri que estava grávida, mas naquele momento eu não sabia como poderia ter uma filha sozinha, estando longe da minha família e com dinheiro contado para sobreviver. O que me marcou nessa época foi a frase de uma amiga: "Filho vem com pão debaixo do braço". Nunca me esqueci disso e transformei essa frase num mantra que me ajudou, a partir daquele momento, a reunir todas as forças para sustentar duas PESSOAS.

E foi assim que tudo começou. Os clientes passaram a chegar por indicação. Em agosto de 2006, um ano depois que tudo se iniciou, minha filha Julia nasceu no dia 13 e o registro da empresa no dia 30. Agosto passou a ser o mês do meu novo nascimento. Nascimento como mãe e como empreendedora. Empreendedora que me tornei sem muito conhecimento, é verdade, unindo necessidade e uma enorme vontade de acertar. Eu, Júlia e a PESSOA Relacionamento com Conteúdo fomos crescendo juntas, amadurecendo, aprendendo que o valor do relacionamento e que a minha missão pessoal de ajudar as pessoas se relacionarem era possível.

Os clientes chegavam, mas não iam embora. O mercado passou a nos reconhecer. Sem nunca ter tido uma área comercial, íamos conquistando cada vez mais espaço na comunicação de Belo Horizonte e gerando emprego e renda. Eu que sonhava com a carteira assinada naqueles 11 longos meses de busca de colocação, agora assinava a carteira de um time de profissionais de comunicação. O crescimento era exponencial, fomos atendendo clientes de diversas regiões do Brasil – Amapá, Alagoas, Ceará, São Paulo, Rio de Janeiro, Roraima, Santa Catarina - e, em 2012, abrimos nossa unidade em São Paulo. A fórmula paixão e trabalho funcionava para mim e observando o mercado eu me estimulava a criar produtos inovadores. O primeiro deles foi um método para medir os resultados dos serviços que prestávamos. Estudei muito, busquei inúmeras referências, fui beber da fonte das melhores cabeças da comunicação do Brasil – a Aberje – e criei o Entre a Gente, um sistema com indicadores que ajudam a compreender os resultados de comunicação e a interface entre a estratégia das empresas e o alcance ou não dos resultados. No começo muitos achavam isso estranho, pois a máxima da comunicação é de que ela é difícil de ser tangibilizada, mas a gente conseguia fazer isso na PESSOA e a mensuração se tornou o diferencial de aderência do cliente à agência.

Problemas nessa travessia? Tivemos vários e ainda os temos, como a crise econômica que se abateu sobre nosso país no final de 2015. E a PESSOA empresa? Sobreviveu? Sim, mas como todo brasileiro empreendedor, passei por cortes, por noites sem dormir e por um enorme questionamento se deveria ou não continuar com a empresa. Em dez anos de agência, nunca tinha sofrido um baque tão forte, com clientes revendo contratos e reduzindo custos.

De novo, ao invés de lamentar, resolvi repensar. Lamentar, nunca! Olhei pra dentro em busca do que realmente podia melhorar. Acredito que é possível fazer o melhor sempre, independente das circunstâncias. Então, o que fiz foi repensar o negócio, além de ouvir antigos clientes, gente do mercado (gente que não era do mercado também!) e novos colaboradores. Investi no treinamento de equipes, ampliei os serviços da agência para atender novas demandas mercadológicas e um cliente cada vez mais exigente em termos de resultados. Além da assessoria de imprensa – que aqui chamamos de relacionamento com a mídia -, passamos a oferecer formalmente os serviços que antes fazíamos sem "nomear": mimos criativos (brindes com propósito), mentoria e consultoria de comunicação e conteúdo para redes sociais.

Mais uma vez, ao invés de recuar, resolvi pôr em prática um sonho que venho carregando há algum tempo - ter um espaço de conexões – já que desde a fundação a empresa sempre teve o foco no envolvimento entre marcas e pessoas; ou seja, no relacionamento estratégico. Assim, investi na Casa de Pessoa, um ESPAÇO colaborativo, com uma rede com profissionais especializados em diversos segmentos que gera inteligência e envolvimento para o ecossistema da comunicação, relações públicas, negócios e inovação em Belo Horizonte. A Casa é aberta a cursos, eventos interativos, reuniões ou para um cafezinho com pão de queijo no melhor estilo mineiro. Esse espaço de conexões já vem gerando frutos e responde, seis meses depois da sua implantação, por 6% do faturamento da PESSOA.

Tudo ainda é muito novo e a crise ainda está aí. Mas, em pouco menos de seis meses, a PESSOA Relacionamento com Conteúdo se reergueu, percebeu que havia uma nova maneira de comunicar e pôs a mão na massa.

Outro dia, alguém usou um adjetivo para se referir a mim que eu nunca tinha ouvido: desativadora de bombas. A princípio me causou estranheza, mas depois pensei que, se o meu trabalho servir para desarmar conflitos, reverter crises, manter o ambiente seguro para desenvolver projeto, desativar o que está prestes a explodir e, como a própria palavra diz – desativar + dor = desativador –, sim, sou realmente uma desativadora de bombas.

Mais do que empreendedora aprendi que o importante é ser gente. Sonhar um sonho e envolver outras pessoas no seu sonho. Nesse caminho, muita gente incrível apareceu. Uma delas, uma colaboradora que hoje é minha sócia, Iaçanã Woyames. De tudo, mantemos nossa essência de agosto de 2005, expressa em nosso manifesto: "PESSOA. Falar de pessoa é falar da vida. O que é a vida? Nós acreditamos que a vida nasce de sonhos... e sonhos nunca envelhecem: eles se realizam se você acreditar e agir. Acreditamos que não se pode estar isso ou aquilo e sim ser. Ser pai, mãe, filho, amiga, amor, irmão, profissional... ser você. Acreditamos na paixão... aquela essência vibrante que vem do mais íntimo e que se transforma na inspiração capaz de criar o novo. Acreditamos que é preciso comemorar cada segundo... e que a cada comemoração muitas outras boas novas retornam para você. Acreditamos no trabalho duro e também no relaxamento pleno. Que pra algo nascer, assim como uma semente, é preciso lutar para romper: a casca, o desafio, o problema, a dificuldade, o impossível. É preciso ser fênix, ser bambu chinês, ter a coragem de um desativador de bombas. Acreditamos em gente. Em pessoas de carne, osso, que tem fome, tem sede, tem orgulho de ser e que tem alma pulsante que gera virtudes brilhantes e resultados efetivos na vida pessoal e profissional. Acreditamos em relacionamento e não apenas em encontros, mas sim em laços que ficam e perpetuam. Acreditamos que somos um, que não existe o sujeito cnpj e cpf e que é exatamente isso, o ser nós mesmos, que nos diferencia e faz únicos... seres únicos capazes de querer, de mover, de fazer, de criar, de ser. Ser Pessoa. E ponto."

E como o que de mais valioso tenho nestes anos são os relacionamentos e conhecimento que adquiri com cada um que graciosamente encontrei no meu caminho, compartilho também os **sete aprendizados para desativar bombas e empreender com propósito.**

**1- Não desprezar pequenos começos.** A sua grande chance pode vir de onde menos você espera.

**2- Inspirar-se no que há de melhor nas pessoas à sua volta.** Defeito todo mundo tem. Foque no que as pessoas têm de bom e aprenda com elas.

**3- Coisas impossíveis acontecem quando você faz o seu melhor e escuta seu coração.** Acredite: o milagre chega também. Jean Coacteau tem uma frase incrível que resume isso: "Não sabendo que era impossível, foi lá e fez".

**4- Não existe almoço de graça.** É o esforço que gera resultado. Portanto, não há moleza em empreender. É preciso trabalho duro, horas de estudo e foco.

**5- Conheça o cenário e evite desgastes por pequenas coisas.** Da série: Menos mimimi e mais hahaha.

**6- Inovar é trazer uma solução que está à frente do mercado para a realidade.** Não é invenção: é sensibilidade (perceber o que está aos olhos de todos mas que não é óbvio), olhar estratégico e ação.

**7- Empreendedor sabe como ninguém engolir sapos.** De girino a sapo-boi, não interessa. A capacidade de resiliência, de otimismo e ação não podem morrer nunca.

## JOVENS EMPREENDEDORES
### FÁBIO GUARNIERI

# O LONGE É LOGO ALI

## FÁBIO GUARNIERI

Fundador do grupo Outitude, com negócios em seu portfólio envolvendo os segmentos: educação, consultoria empresarial, mercado imobiliário/serviços de apoio e negócios no ramo da beleza. Além de ser CEO da OBS, que representa a FDC na Região Norte do País, uma das principais escolas de negócios do mundo. Sócio idealizador da Prooffice, primeiro *virtual office* do Norte do País que atualmente hospeda mais de 200 empresas. Fundador e *Senior Coach* da Plano De Voo, empresa especializada em *Business Coaching* e *Family Business Coaching*. Sócio investidor da Wilber Investments, empresa de gestão de portfólios, sediada na Flórida, além de atuar como investidor *angel* em diversos outros projetos de *startups* em Manaus, Belém e São Paulo.

(11) 98168-1049
fabio@outitude.com.br
www.outitude.com.br
São Paulo/SP

## JOVENS EMPREENDEDORES

Primeiramente gostaria de ressaltar aos leitores que verdadeiramente, sem falsa modéstia, não me considero um grande empresário, apesar das atuais oito empresas em que fundei ou possuo participação, o que confesso ter me gerado algum tipo de desconforto em aceitar participar da edição deste livro.

Já sob a ótica do empreendedorismo, afirmo hoje, com um já maior autoconhecimento, tratar-se realmente de uma característica minha natural que aflorou ao ponto de chegar a atrapalhar o meu papel como empresário.

Desta feita, a oportunidade de participar de um novo projeto ("cachaça" natural dos empreendedores) venceu o desconforto em participar deste livro, ainda mais de maneira autobiográfica.

Hoje avalio que tive a fase de empreendedor inconsciente (até o ano de 2003) e a fase consciente (pós-2003), quando assinei o meu primeiro contrato social.

Em minha infância e adolescência, diversos eventos reforçavam ser um comportamento absolutamente natural (barraca para vender enxoval de casamento dos pais, porta a porta vendendo "gelinho", organização de viagem de formatura do colégio, entre outros eventos sem grandes impactos sob o ponto de vista empresarial), mas pelo fato de vir de uma família que sempre buscou segurança e estabilidade, este comportamento acabava por ser "abafado" por mim mesmo.

Eu vinha de uma frustrada carreira jurídica em São Paulo, quando um belo dia um amigo (que havia observado as características empreendedoras ainda inconscientes em mim) me fez um convite para fazer um *turn around* em um negócio em Manaus. Até então, não passava pela minha "cabeça paulistana" visitar Manaus, quanto mais morar, quanto mais fazer a gestão de uma empresa que estava com problemas. Não havia me preparado para isso, aliás, nunca havia pensado na hipótese em sua maneira mais remota. Enfim, aceitei, e a partir dos meus 25 anos eu não parei mais de empreender e intraempreender.

Fui obrigado a aprender na marra, inicialmente, conceitos de liderança e gestão.

Meu primeiro grande aprendizado: a importância de se conhecer o ser humano. Eu cheguei para este desafio com o crachá de chefe e percebi, com o tempo, que estava sendo sabotado. Fui estudar antropologia local e comecei a perceber o quanto saber se conectar às pessoas é importante para se alcançar resultados. Após um ano gerenciando essa empresa, surgiu a oportunidade (ainda em paralelo) de ser sócio de uma operadora de ecoturismo.

Neste momento, fui obrigado a vivenciar todos os desafios de uma *startup* e claramente erramos e aprendemos muito com esta empresa.

Tratava-se de uma operadora de barcos-hotéis pelo Rio Negro e posso dizer que praticamente tudo deu errado: tivemos erros claros de posicionamento estratégico, no produto, no público-alvo, nos processos, no *marketing*, no alinhamento societário, não tínhamos capital de giro suficiente, eu ainda estava na gestão da outra empresa (faltava dedicação ao novo negócio), enfim, foi um caos, mas minha principal escola.

O negócio não vinha bem, pelos motivos já expostos, quando vislumbrei a oportunidade de aproveitarmos a *expertise* da equipe operacional (que estava parada por baixa demanda de mercado) para montar uma operação de treinamentos vivenciais na selva para executivos.

Montei o projeto (naquele momento eu já havia concluído minha primeira especialização em gestão) e passei a sondar os RHs das empresas do Polo Industrial de Manaus com este novo produto.

Após meses visitando empresas para apresentar o projeto, uma "corajosa" trainee de RH de uma grande multinacional americana comprou a ideia e conseguimos convencer a então Gillette (atual P&G) a realizar minha primeira operação com a diretoria da América Latina de seus principais executivos. Foi uma operação de guerra e hoje posso dizer que foi um sucesso tão grande que resolvi vender minha parte na empresa de ecoturismo e montar a minha segunda empresa (em 2004) voltada exclusivamente para treinamentos de executivos: a Outitude, que hoje dá nome ao grupo.

"Surfamos" o máximo que pudemos na moda do *outdoor training*, mas eu sentia que faltavam em mim competências para conduzir e facilitar os treinamentos (até então eu apenas viabilizava os treinamentos, contratando facilitadores).

Ainda em 2004, fiz parte (do que tenho conhecimento) de uma das primeiras turmas de certificação de *coaching* no Brasil, concluí meu segundo MBA e então montei minha terceira empresa voltada para *coaching* executivo (a operação de *outdoor training* foi gradativamente sendo desativada). Desta maneira, apropriei-me da "estratégia do oceano azul" e tive a oportunidade de conduzir mais de 200 processos de *coaching* executivo de 2004 a 2010 no norte do país.

Posso dizer que de 2004 a 2010 foi um período meu mais de intraempreendedor/consultor, em que acabei me especializando em *family business coaching*. Tinha a prática de alocar 25% de tudo que ganhava em capacitações. Fiz mais de 30 capacitações e certificações neste período de seis anos que foi fundamental para o que considero meu segundo ciclo como empreendedor.

Em tempo, neste período (2007) como "consultor", tive a experiência de ser investidor angel (terceira empresa) em um aplicativo de produtividade pessoal que obviamente não avançou por falta de conhecimento técnico e erro grotesco de escolha da plataforma (ele era todo em *flash*, não rodando no então "insignificante" iPhone/IOS).

Olhando para trás, posso dizer que de 2002 a 2006 praticamente tudo deu errado. Tive todos os motivos para desistir e voltar para a barra da saia dos meus pais em São Paulo. Duas coisas não me permitiram desistir e voltar: a primeira uma grande intuição de que existiam muitas oportunidades e demanda reprimida na Região Norte do País e a segunda, algo sem explicação lógica de que eu não voltaria para São Paulo nunca como derrotado. Na época, identificava-me claramente com os lutadores que não se entregam e quebram o braço em uma finalização. Felizmente, naquele início de trajetória, eu não tinha a maturidade para compreender a teoria da "escalada irracional" - aquela do jogo de poker que, após já ter apostado muitas fichas em uma mão, coloca tudo a perder por não aceitar assumir o prejuízo parcial. Ademais, eu não tinha nada a perder a não ser o tempo e a distância da família. O cenário atual é bem diferente: procuro não deixar o ego contaminar a tomada de decisão.

Considero que o ano de 2010 tenha sido o ano da grande virada, não de resultados, mas do meu modelo mental como empreendedor. Lembro-me exatamente do momento: Réveillon de 2009 para 2010, passei dez dias em Nova York. Todos os dias fazia o balanço do quanto havia gasto em reais e tendo a percepção de que não havia ganho um centavo sequer naquele dia, o que me gerou uma sensação péssima de ansiedade de que não mais poderia parar de "pedalar a bicicleta". A partir desta viagem, a vontade de começar a "ganhar dinheiro dormindo" passou a ser meu foco.

Assim, no fatídico ano de 2010, junto com outros sócios, montei a primeira operação de escritórios compartilhados e *virtual office* no Norte do País (atualmente hospedamos mais de 200 empresas) e, ainda neste ano, fui convidado para participar de um rigoroso processo seletivo para representar a melhor escola de negócios da América Latina, a FDC, o que considero a minha segunda fase: a de empreendedor serial.

Em 2011 iniciamos a operação da escola de negócios em Manaus, no mesmo ano, passei a representar uma multinacional especializada em executive search e, em 2013, abrimos uma nova unidade da escola de negócios em outro Estado: o Pará (cruzando fronteira geográfica pela primeira vez).

Gosto de destacar o evento do cruzamento da barreira geográfica porque ele me trouxe um segundo mantra: "tornar-me desnecessário", uma vez que o primeiro – "ganhar dinheiro dormindo" – já estava em curso naquele momento. Questionar a máxima de que "o gado só engorda sob o olho do dono" é questão de sobrevivência quando você passa a empreender em cidades, estados e até países diferentes.

Já em 2014 surgiu a oportunidade de sonhar com uma operação internacional, com a primeira empresa em Miami e, em 2015, uma escola profissionalizante em São Paulo e desta maneira este emaranhado de pequenos negócios virou o Grupo Outitude.

Posso dizer que foi (e está sendo) muito desafiador. Atualmente fico na gestão estratégica dos negócios, com um gestor principal em cada negócio e minha rotina atual é a de mentorar estes executivos e pensar o futuro do grupo, o que considero minha terceira fase como empreendedor.

## ALGUMAS CONCLUSÕES E ANÁLISES

A primeira: utilizei clara e intuitivamente, ao longo dos anos, "A Estratégia do Oceano Azul" e o "Modelo dos Ciclos" do Jim Collins, assim tenho como agenda garimpar novidades de mercados maduros e implementar em mercados em maturação, além de sempre buscar um novo ciclo de crescimento antes do primeiro sinal de declínio.

Hoje me permito ter uma agenda 90% estratégica, com os seguintes destaques:

Sob o olhar do "hoje", destaco: Liderança e Cultura organizacional (80% da minha atenção fica por conta dos principais talentos, onde claramente aplico o pareto (80/20) e Gestão da Cultura (estou convencido que a melhor maneira de se fazer presente é através do fortalecimento da cultura organizacional, uma vez que é impossível estar presente em oito negócios e quatro cidades diferentes ao mesmo tempo).

Já sob o olhar do futuro: garimpar novos negócios e novas parábolas para negócios antigos

Outra peculiaridade em minha agenda que virou um hábito: andar pelas suas sem destino uma tarde por semana para mapear oportunidades, novos pontos, novos negócios, enfim, "olhar para fora". Faço isso em toda cidade que visito sob a ótica de negócios e até nas cidades onde possuo guarda-roupas.

Costumo brincar que esta agenda maluca de atuação em oito empresas diferentes (umas com maior intensidade, outras, com menor) fez com que eu desenvolvesse uma "pseudodislexia". Por isso aprendi a me cercar de pessoas diferentes e complementares para neutralizar muitas dessas fraquezas consequentes de quem tem visão muito macro e tem dificuldade no "micro management".

Com empresas espalhadas por várias cidades, você aprende a transformar o avião em seu escritório. A propósito, neste momento, estou sobrevoando o Mato Grosso. Aliás, um fato interessante é que não tenho mesa, nem sala para mim. Peço sempre uma emprestada para alguém da minha equipe ou uso uma das salas de reunião que alugo da empresa de escritórios prontos do qual sou sócio.

Hoje o Grupo Outitude está focado em atuar em negócios de seu portfólio, envolvendo os segmentos: EDUCAÇÃO/CONSULTORIA EMPRESARIAL, MERCADO IMOBILIÁRIO/SERVIÇOS e ESTÉTICA/SAÚDE, sendo esta minha agenda como investidor.

Já a minha agenda como executivo é dedicada a estar à frente da associada regional na região norte da Fundação Dom Cabral, melhor escola de negócios da América Latina.

Definir escopo de atuação por segmento é algo que considero extremamente importante. É chegado um momento em que oportunidades surgem aos montes. É interessante saber onde você tem intuição e *expertise* diferenciadas para isso. Conhecer suas competências centrais é fundamental para dizer "não" para as inúmeras oportunidades que surgem.

Eu, por exemplo, não invisto em nada que envolva estoque e compras de maneira intensiva. Tenho clareza ser uma fraqueza em nosso SWOT. Posso dizer que sou melhor com serviços, seja pela intuição maior neste campo, seja pelas competências centrais. Estou convencido, definitivamente, de que autoconhecimento é a porta de entrada para uma carreira de sucesso e os anos de atuação como *coach* ajudaram-me profundamente no meu papel de empreendedor.

O que segue não estava em meu "mapa mental" inicial para este depoimento, mas resume em mantras e frases a minha filosofia para tomadas de decisão e escolhas comportamentais. Trata-se do meu "testamento em vida". A maioria delas é provavelmente de conhecimento da grande parte de vocês, porém, penso que a compilação e organização acabam por gerar um impacto exponencial no meu ponto de vista.

Estas frases e pensamentos venho colecionando desde 2003 e a notícia de que seria pai me motivou a transcrevê-las em um formato de "testamento de DNA" para minhas futuras gerações.

Permito-me humildemente compartilhar com vocês os pilares de meu *"mindset"* que considero ser o meu maior tesouro. Como disse, sob o ponto de vista da gestão, considero–me bastante mediano.

• • • • • • • • • • • • • • • • • • • • • • • • • • • • •

*"Meu filho Bernardo,*

*Você ainda não nasceu, mas hoje você me inspirou a te deixar alguns ensinamentos e princípios que gostaria que levasse para o resto de sua vida.*

*Sempre o apoiarei em suas escolhas e desejo que seja dono de seu destino. Os princípios e dicas deverão apenas ajudar nos caminhos para se chegar lá:*
*1- Felicidade está relacionada a coisas simples e intangíveis;*
*2- Competência é hábito, cuide com cuidado e disciplina de sua agenda diária. Acordar é "dar cor" ao seu dia;*
*3- Cada um de nós tem um talento especial. Não hesite em descobrir o seu. Cruze seus talentos com as necessidades do mundo;*

## JOVENS EMPREENDEDORES

4- Você não precisa saber sempre o que vai fazer da vida, mas nunca se acomode com uma vida medíocre;

5- Busque significado em seu trabalho;

6- Contemple em sua agenda diária: corpo, mente, coração e alma;

7- Poupe ao menos 20% do que ganha (começando pela sua mesada);

8- Seja empreendedor, não importa em que configuração, cenário ou papel;

9- Não hesite em pedir desculpas a quem de direito. Ou mesmo que não seja de direito: peça;

10- Entre estar certo e atingir sua meta escolha o segundo;

11- Tenha família como um de seus principais valores;

12- Em ética, não existe meio-termo;

13- Trate todos com respeito (inclusive os garçons), principalmente as mulheres e, em especial, sua mãe;

14- As mulheres admiram sensibilidade;

15- Olhe as pessoas nos olhos;

16- Seja um cavalheiro em todas as situações;

17- Simplicidade nunca sairá de moda;

18- Não se preocupe em agradar a todos;

19- Procure ter tudo em abundância: tempo, saúde, dinheiro, amor;

20- Pratique o egoísmo positivo. Pense primeiro em você. Não podemos ajudar ninguém sem ter recursos sobrando;

21- Felicidade = Realidade – Expectativa. Faça gestão de sua expectativa sem perder o entusiasmo;

22- Concentre suas energias em seus pontos fortes. Seus pontos fracos devem ser apenas neutralizados (não ouse utilizar este princípioquando for mal em alguma matéria);

23- Verbalize seus sentimentos sem medo;

24- Ouse fazer o inusitado e não tenha medo de parecer ridículo;

25- Pergunte-se diariamente se você se seguiria como líder e pratique autoliderança;

26- Experimente o novo com responsabilidade;

27- Fale mais de três idiomas e more em mais de cinco países;

*28- Cerque-se de pessoas melhores que você;*

*29- Cultive suas amizades (poucos e bons) semanalmente, mesmo as pessoas que não te liguem de volta;*

*30- Aprenda a delegar, concentre-se no que você é verdadeiramente extraordinário;*

*31- Pratique esportes ao menos três vezes por semana e alimente-se bem ao menos cinco dias por semana;*

*32- Aprenda a fazer boas perguntas;*

*33- Diante de uma adversidade: controle-se, participe ativamente da solução, não procure culpados e tenha foco no mutável;*

*34- Busque ter uma visão de futuro. Mais importante que chegar é ter;*

*35- Procure ter opinião sobre as coisas, mesmo que seja não formada;*

*36- No trabalho e nos negócios, cerque-se de pessoas diferentes e complementares, mas nunca abra mão do alinhamento de valores;*

*37- Não procure ganhar dinheiro, procure gerar valor;*

*38- Confie na sua família, ela sempre vai te apoiar;*

*39- Gaste parte do que ganha com viagens e com coisas que trazem satisfação;*

*40- Cultura nunca é demais. Peque pelo excesso;*

*41- Pare de falar e comece a fazer;*

*42- Não tenha medo de errar ou fracassar. De qualquer forma, aprenda também com os erros dos outros;*

*43- Procure um trabalho/negócio onde não consiga diferenciar se está de férias ou não;*

*44- Não leve a vida tão a sério, aprenda a relaxar (o limite são os seus valores);*

*45- Raiva é um veneno que queremos dar aos outros, mas que acabamos tomando;*

*46- 10% da vida estão relacionados com o que se passa com você, os outros 90% da vida estão relacionados com a forma como você reage ao que se passa com você e pratique o 80/20 (Pareto) – este princípio é secular;*

*47- Desenvolva assertividade, tende a ser muito libertador;*

*48- Entre ser otimista e entusiasmado escolha o segundo, isso o coloca como protagonista na cena;*

*49- Mantenha um tubarão em seu aquário, ele vai manter o peixe fresco. Divirta-se com os desafios;*

*50- Presenteie pessoas importantes de maneira inesperada;*

*51- A vida é uma roda-gigante. O sucesso vai passar e o fracasso também;*

*52- Tenha rituais com a sua família. Não abra mão deles;*

*53- Procure significado para sua vida, deixe um legado, impacte o mundo (se tiver que abrir mão de algum, que não seja este princípio);*

*54- Por fim, procure completar esta lista, no decorrer de sua vida, para deixar para seu filho.*

*Gostaria que tivesse o compromisso de ter o ritual de ler estes princípios todo domingo à noite, a partir de seus dez anos.*

*Desejo que os princípios e o ritual sejam passados para as próximas gerações.*

*Eu já te amo antes de te conhecer.*

*Bjos*
*Papai.*

*Fábio Guarnieri*
*Manaus, 2 de março de 2013."*

•••••••••••••••••••••••••••••••

Era mais isso mesmo. Todos os anos prometo que não abrirei um novo negócio e que não farei uma nova obra, mas é praticamente mais forte do que eu...

## JOVENS EMPREENDEDORES

### FELIPE ALMEIDA

# SONHE, PERSISTA, TRABALHE DURO E SEJA LEAL PARA EMPREENDER

# FELIPE ALMEIDA

Tem 34 anos, formado em *International Business* na *Rollins College*, USA e MBA, no Insper, no Brasil. Começou sua carreira profissional em 2004 e empreende desde 2006. Hoje, é sócio/investe em algumas empresas de diferentes segmentos.
A primeira empresa que investiu é a agência de comunicação Mix21 que hoje se tornou Aktuellmix, na qual ainda é sócio e um dos principais *players* de comunicação no Brasil.
Atualmente, também é sócio e executivo da ZUP, empresa de tecnologia focada em ajudar grandes empresas a fazerem uma transformação digital através de sua metodologia e produtos inovadores.
Golfista desde pequeno, já representou o Brasil em várias eventos internacionais e tem o esporte como sua paixão, além de sua família, a mulher Juliana e os dois filhos, Lorenzo e Luca.

felipe.almeida@zup.com.br / felipe.almeida@aktuellmix.com.br
zup.com.br aktuellmix.com.br
São Paulo/SP

## JOVENS EMPREENDEDORES

Engraçado como no Brasil empreendedorismo ainda é exceção entre tantas opções de carreiras existentes. Infelizmente. Para mim, desde que me lembro sonhando com uma carreira profissional, empreendedorismo era a regra a ser seguida. Certamente, pela influência do meu pai, que começou muito pobre no interior de São Paulo e hoje é um *"self made man"*, alguém que admiro, respeito e com quem me aconselho frequentemente.

A vida profissional dele começou aos 11 anos. Depois de alguns anos começou a brilhar, na verdade ele fazia brilhar, já que aos 13 anos passou a ser engraxate. Foi em 1960, quando começou a trabalhar no mercado de Publicidade/Propaganda, que iria desenvolver sua carreira. Começou em uma agência de publicidade, onde foi de *officeboy* a gerente de mídia. Dez anos depois, em 1970, associou-se a uma empresa de publicidade, já enxergando ali uma possibilidade de desenvolver um trabalho baseado em pesquisas de audiência que o mercado não tinha nem oferecia. Após sete anos criou uma empresa de *outdoor* que foi desenvolvendo-se como empresa de mídia exterior e de rádio. Chegou a ter quatro emissoras AM, uma das principais empresas de mídia exterior do Brasil e uma emissora FM na Capital de São Paulo. Em 2001, vendeu a empresa para um gigante grupo americano de mídia, chamado Clear Channel, em um momento perfeito, já que a empresa se encontrava no auge e em poucos anos seria aprovada na cidade de São Paulo a lei cidade limpa, proibindo a atividade de mídia exterior.

Daí para frente desenvolveu muitos negócios, devido à reputação que conquistou no mercado e à capacidade de construir pontes e alianças de longo prazo. E, sem dúvida nenhuma, essas situações lhe ensinaram que foco, resiliência, *networking*, perseverança e obstinação, além de, claro, MUITO trabalho, seriam ingredientes fundamentais para qualquer empreitada de negócios.

No meu caso, não tive de empreender por necessidade, como ele. Quando nasci, meu pai já estava com uma carreira em franco crescimento. Tive sorte de nascer nessa família, mas muita sorte de já nascer com um DNA carregado de doses de resiliência, perseverança, sonhos, e outras coisas mais.

Eu sempre quis adiantar acontecimentos na minha vida e desde cedo tomei algumas iniciativas que acreditava serem importantes para o meu futuro e para aquilo que eu sonhava conquistar. Quando tive a oportunidade de estudar fora do Brasil, fiz logo com 15 anos. Morei um ano nos Estados Unidos, onde estudei em uma escola americana e morei em uma casa de família. Foi uma experiência espetacular, pois me ensinou a ter disciplina e a fazer as coisas sozinho. Voltei para os Estados Unidos para fazer a universidade no Rollins College, na Flórida. Foi lá que tive as primeiras oportunidades de trabalho, primeiro no The Golf Channel, canal norte-americano dedicado 100% ao golfe, e no final tive a oportunidade de ficar um semestre em Londres estudando na London School e fazendo outro estágio na consultoria Frost & Sullivan.

Hoje, sou sócio de alguns negócios de que participo ativamente, participo como *board member* ou de outros apenas como investidor. Um dos dois negócios mais ativos é a ZUP, empresa de *software* que trabalha com grandes clientes e que tem uma missão ousada: ajudar grandes empresas de Telecom, bancos etc. a se reinventarem e serem competitivas nessa nova economia digital. As coisas estão mudando rapidamente e os concorrentes não são apenas os tradicionais. Todos os dias surgem *startups* muito mais leves e ágeis, capazes de concorrer e roubar mercado de grandes *players*.

Atualmente na ZUP são quase 200 colaboradores, na maioria pessoas muito técnicas que são divididas em times de Pesquisa e Desenvolvimento, que criam e evoluem os produtos, time de projeto, que faz a implementação das nossas soluções, e um time de operações, que monitora tudo que nossa plataforma e tecnologia fazem para os clientes. Tenho a sorte de possuir nessa empreitada três sócios e nos dividimos entre as tarefas do dia a dia. Bruno Pierobon, Gustavo Debs e Flávio Zago.

Além da ZUP, sou sócio da AktuellMix, agência de comunicação completa que entrega praticamente todas as disciplinas de comunicação a seus clientes, com exceção de assessoria de imprensa. A maioria são multinacionais ou grandes clientes nacionais. Fazemos serviços de comunicação que vão desde materiais para ponto de venda, promoções e eventos até publicidade *online* e *offline*. Temos dois escritórios, em SP e RJ, totalizando quase 220 colaboradores.

Minha história de empreendedorismo começou durante minha única experiência com carteira profissional assinada. Após me formar nos Estados Unidos em 2004 em Negócios Internacionais, decidi voltar ao Brasil

## JOVENS EMPREENDEDORES

para começar a trabalhar e aprender. *Marketing* sempre foi uma grande paixão e nesta época tive a oportunidade de entrar na Revista CARAS para trabalhar no departamento de *Marketing*. Primeiro comecei em uma *startup* interna, estruturando o modelo de negócio, criando e lançando toda a linha de produtos da Grife Caras e logo fui para a área de que mais gostava, que eram os eventos. Apesar de todo o *glamour* por trás dos eventos da Ilha de Caras, do Castelo de Caras, do Carnaval no Rio de Janeiro, da Villa de Caras em Gramado, entre outros, o *backstage* era complexo pelo nível de exigência de todos os participantes dos eventos. As celebridades são a matéria prima principal da CARAS e são respeitadas e cuidadas de uma maneira muito especial. Isso me deu um enorme aprendizado sobre nível de exigência e qualidade de entrega altíssimos. Somando-se a isso, todos os eventos tinham grandes patrocinadores, que pagavam altos valores para terem suas marcas atreladas ao mundo das celebridades e personalidades.

Qualquer deslize poderia resultar em perder investimento de milhares ou milhões de reais. Sem dúvida nenhuma, a CARAS foi uma experiência incrível, pois a equipe era enxuta, nos forçando a conhecer, liderar e resolver diferentes assuntos ao mesmo tempo.

Para um empreendedor, considero fundamental ter um talento em uma área específica, mas acredito ser de grande importância que o mesmo conheça outras áreas e tenha capacidade de executar e organizar várias tarefas ao mesmo tempo.

Estou convencido de que empreendedores de sucesso têm uma elevada capacidade de multiprocessamento, pois precisam liderar assuntos organizacionais e de mercado, como montar um time de alta performance e processos bem desenhados, definir qual a melhor estratégia para atrair clientes, além de tratar questões como receita, custos, impostos, empréstimos, investimentos etc. É nessa hora que uma sociedade possibilita uma melhor divisão de tarefas e comando dos processos diários. Existe, entretanto, um aspecto fundamental para o sucesso de uma sociedade: a complementaridade de qualidades e pontos fortes de cada um dos sócios. Mais importante ainda, os sócios precisam ter valores e princípios de vida parecidos.

Após dois anos trabalhando na CARAS, meu desejo latente de empreender fez com que eu começasse a buscar oportunidades. Meu desejo naquela época era de fundar ou me associar a uma agência de *marketing* e eventos. Foi aí que surgiu a Mix21, agência de promoção e eventos que tinha como sócio principal o Paulo Giovanni, um renomado publicitário que criou a Giovanni, uma agência de publicidade que foi vendida para o grupo DraftFCB. Naquela época, ele estava muito focado na sua principal atividade que era a publicidade e não tinha tempo para focar na MIX21. Surgiu então a possibilidade, no final de 2006, quando eu tinha apenas 24 anos, de me associar ao Giovanni e a outras pessoas e começar um trabalho que foi fundamental para a trajetória da agência. Nesta época, contávamos com aproximadamente 15 colaboradores, além de mim e meus sócios Celio Ashcar Jr. e Marcos Scabia. Hoje, a Aktuellmix tem também como sócio e CEO o Rodrigo Rivellino, que era sócio da Aktuell antes da nossa fusão.

Realmente, o começo foi muito difícil, pois apesar de já ser estruturada a agência era pequena e crescer não seria nada fácil. Foi aí que comecei a ver efetivamente a importância do relacionamento e *networking* para buscar clientes e oportunidades de negócio. Sempre tive como minha principal atribuição a parte de novos negócios, e nesse caso é impossível evoluir sem uma boa lista de contatos e pessoas com alguma relação de confiança para poder ligar e pedir uma oportunidade. Dois clientes contribuíram muito para o crescimento da agência. Foram eles a Procter & Gamble, liderado por Tarek Farahat, e a Vivo, liderado por Roberto Lima com os quais eu já havia construído uma ótima relação desde a época em que trabalhei na CARAS.

Essa foi para mim uma grande lição. É impossível se construir qualquer coisa sozinho. Em qualquer situação de nossas vidas, seja de trabalho ou pessoal, é de fundamental importância conhecer pessoas que poderemos ajudar e que também poderão ser nossos aliados quando for necessário.

No meu caso, conhecer pessoas e construir relações de confiança sempre fiz de maneira muito natural. A pior coisa que pode existir é uma relação interesseira, na qual o único objetivo é o negócio.

É claro que nossa rede de relacionamento mais próxima, além de familiares e amigos antigos, vem de pessoas com que convivemos durante alguma fase de nossas vidas, como amigos de escola, faculdade e do trabalho. Porém, muitas vezes não é suficiente. Atividades extras como *hobbies* sempre são locais férteis para se ampliar essa rede. No meu caso tive a chance de conhecer o golfe muito cedo, com apenas sete anos. Logo me apaixonei e comecei a competir em 1992, quando eu tinha dez anos. Tive a oportunidade de representar o Brasil em várias competições internacionais e fiz ali a minha segunda casa. O golfe é um esporte que prega questões de etiqueta, ética, respeito, disciplina e alta performance, por ser muito competitivo. Todos esses pontos são fundamentais para qualquer carreira, seja como executivo ou empreendedor. Além disso, há um detalhe muito importante: um erro pode custar muito caro e te fazer perder um campeonato inteiro. E isso dá a um golfista um senso de foco e atenção nos detalhes, pois qualquer erro pode ser fatal - e nos negócios detalhe faz toda a diferença.

É verdade que se quisermos ter uma rede de contatos muito ampla, ativa e próxima precisamos sair um pouco da zona de conforto e às vezes temos de abrir mão de estar com quem mais amamos. Os americanos têm uma expressão que sempre usei como mantra: *"No pain, no gain"*, ou seja, sem dor, sem ganho. Nada é fácil e nada é à toa. Se olharmos todas as pessoas que admiramos como vencedores ao nosso redor, veremos que sempre buscaram o algo a mais, fizeram um esforço adicional e renúncias para buscar conquistas lá na frente.

Empreender é a arte de encarar o novo, o desconhecido. Por isso, será muito difícil ter sucesso com uma atitude extremamente conservadora, na qual se busca 100% de certeza para se tomar uma decisão. É claro que pesquisa, números e informações sobre mercados são fundamentais para se montar um plano de negócios com uma chance maior de sucesso, mas o empreendedor precisa ter intuição, paixão e coragem para alcançar os objetivos sonhados. Errar faz parte. Infelizmente, no Brasil, o fracasso é muito malvisto. Em outros países com altos índices de empreendedorismo como Estados Unidos, Israel e Reino Unido, o fracasso é visto com ótimos olhos, pois certamente irá preparar melhor aquele empreendedor para seu próximo negócio. Não tenha medo de fracassar se estiver convicto de que aquela é a melhor tentativa para o êxito!

Meu pai sempre repetiu um ditado que diz: "Seu passado é seu futuro". Ou seja, erros, falta de ética e comportamentos duvidosos serão lembrados e terão grande impacto nas suas chances de sucesso. E isso é igualmente poderoso quando se tem um passado positivo, de alianças, de transparência e de confiança.

## FELIPE ALMEIDA

Tive a sorte de ter pessoas ao meu redor que puderam me ajudar muito, mas também sempre coloquei muito empenho em poder ajudar as pessoas, seja com conhecimento ou conexão com outras pessoas. Acho muito importante dividir lições, aprendizados, conhecimentos, dificuldades e fracassos, pois essa troca poderá ajudar muitos outros empreendedores a aumentarem suas chances de sucesso. Quem sabe o que planta, não tem medo da colheita.

Acredito que todo empreendedor tem a capacidade e, por que não, o dever de empreender socialmente também. Aprendi com meus pais que há 34 anos cuidam do Lar Emmanuel, que foi um orfanato e hoje funciona como uma crèche na cidade de Caçapava, interior de São Paulo. Eles sempre fizeram isso com muito amor, mas também com muita dedicação e parceria de amigos. Hoje, eu tenho o privilégio de ser conselheiro de um instituto chamado Gerando Falcões, liderado por um extraordinário empreendedor social chamado Eduardo Lyra Nascido na periferia em meio a uma história de pobreza e crime, se fez um cidadão capaz de impactar milhões de jovens das periferias e dar a eles uma nova referência, mostrando que é possível crescer e vencer na vida, mesmo que as condições não sejam as mais favoráveis. A mesma rede de relacionamento que me ajuda nos negócios do dia a dia uso dentro do Gerando Falcões para potencializar os projetos que eles fazem.

Neste livro, temos a oportunidade de ver tantas histórias vencedoras, mas com certeza existe um ponto unânime em todas elas, a persistência. Persistir, persistir e perseverar. Uns até te acham "cabeça dura", mas não existe empreendedor de sucesso sem resiliência e persistência. Se você está disposto a empreender e alcançar seus sonhos, esteja pronto para batalhar muito por ele e a procurar, incansavelmente, soluções criativas quando se debater com um desafio.

A jornada do empreendedorismo tem altos e baixos. Precisamos estar prontos para tirar o máximo que pudermos dos altos, mas temos de estar prontos para resistir bravamente nos momentos mais difíceis.

Desenhar a estratégia principal, traçar objetivos e ter disciplina para alcançá-los requer muita perseverança, pois certamente os momentos de dúvida irão aparecer, e mesmo nestes momentos existe a necessidade de buscar as melhores soluções. A peteca nunca pode cair. Baixar a cabeça e desanimar não são opções, até porque se você, como empreendedor, desanimar, imagine o que irá acontecer com o seu time de colaboradores.

Vender e atrair parceiros são enormes desafios. Nem sempre será no primeiro e-mail que irão te responder, nem na primeira ligação que irão te atender. Enfim, atrair a atenção do seu interlocutor ou *prospect* exige muita calma e persistência.

A venda B2B (*Business To Business*), que sempre foi a que realizei e que é uma venda mais longa, exige olho no olho e a construção de uma relação de confiança. Várias foram as ocasiões que precisei de diversas tentativas e encontros com a mesma pessoa para conseguir concretizar uma venda. É claro que se você estiver atento às necessidades do seu cliente e se seu produto for necessário em determinado momento para ele, o seu ciclo de venda poderá ser mais rápido, mas dificilmente será na primeira tentativa e ainda exigirá talento, criatividade e persuasão.

Mesmo que em determinado momento seu produto não esteja entre os mais necessários para o seu cliente, continue estreitando as relações e esteja no *shopping list* (lista de compras) de seu cliente, pois o dia que ele precisar daquilo que você vende certamente lembrará de você. Nos negócios, quem não é visto não é lembrado.

Para concluir, gostaria de ressaltar também a importância da família e dos amigos nesta jornada. Empreender não é simples e o resultado não vem de uma hora para outra. Precisamos do suporte, incentivo e paciência das pessoas ao nosso redor, pois o caminho é turbulento, mas pode ser recompensador não apenas pelo lado financeiro, mas também por poder realizar algo que te encha de orgulho. E é necessário o apoio e compreensão da família, do cônjuge, do incentivo dos filhos, pois muitas vezes iremos chegar cansados, irritados, desolados e nada como a família e pessoas próximas para nos ajudarem a seguir o caminho que escolhemos e também para dividirem conosco as vitórias, que serão muitas! Assim como sempre tive sorte de ter sócios em quem posso confiar e com quem posso discutir pontos de vista, tenho a sorte de ter uma família maravilhosa que sempre me incentivou e nunca me deixou desanimar. Pai, mãe, irmãs e uma mulher espetacular. É verdade que às vezes acham que estou trabalhando muito e que preciso descansar. Mas sabemos quando o extra faz a diferença para chegar aonde tanto queremos, como disse, *"no pain, no gain"*. Sonhe, persista, trabalhe duro e seja leal, pois nada vence o trabalho bem feito. Com certeza, se plantar tudo isso, irá colher amizades, parcerias, e muitas, muitas conquistas.

## EMPREENDA!

O Brasil precisa de pessoas interessadas, curiosas e capazes para criar empresas inovadoras, gerar empregos e pagar impostos. Com certeza com uma grande leva de novos empreendedores levaremos o Brasil àquele *status* de país do futuro que tanto desejamos. Boa sorte! Mas não se esqueça de que, quanto mais se dedicar, mais sorte terá!

**JOVENS EMPREENDEDORES**

GUSTAVO CAETANO

# INOVAÇÃO, CULTURA E MANTRAS: O QUE APRENDI COMO EMPREENDEDOR

## GUSTAVO CAETANO

Com 12 anos de experiência no mercado de vídeos *online*, inovação e empreendedorismo, é publicitário, CEO da Samba Tech, gerencia duas empresas e faz parte do *board* de outras três. Foi nomeado o Empreendedor de Sucesso no Brasil em 2009 pela revista PEGN e a VISA. Considerado o melhor cofundador pelo The Next Web em 2012, um dos 50 mais inovadores do mundo digital brasileiro pela ProXXima. Em 2014, foi eleito um dos brasileiros mais inovadores com menos de 35 anos pelo MIT, um dos jovens mais influentes da *internet* pela revista GQ Brasil em 2015, além de ser considerado pela *Business Insider* como o "Mark Zuckerberg brasileiro".

contato@sambatech.com.br,
São Paulo/SP

## JOVENS EMPREENDEDORES

### Como tudo começou...

Minha história de empreendedorismo começou antes de entrar na faculdade, mesmo sem saber ao certo o que de fato era empreendedorismo e muito menos o que viria pela frente. Naquela época, eu era fascinado pelo mundo *hacker* e com 17 anos fiz um *website* chamado Hacker News Brasil, onde escrevíamos sobre tecnologia, segurança, vírus e ataques de *hackers*. O conteúdo era relevante e, como pouquíssimas pessoas se arriscavam a falar sobre esse assunto, conseguimos nos afiliar à *Hacker News* Americana, o que nos rendeu uma boa repercussão na mídia.

Com o tempo, as coisas ficaram ruins. Recebi uma intimação para comparecer à delegacia de repressão a crimes digitais, que ficava na Polinter, no Rio de Janeiro, e fui obrigado a fechar o *site*, mas felizmente saí com a ficha limpa. Mal sabia que o melhor de tudo não foi ter escapado de um processo, mas sim ter descoberto um lado empreendedor.

Quando era mais novo, o que eu sempre quis era entrar na Escola Superior de Guerra, mas lá é um lugar que só aceita militares e eu não era nem de longe um exemplo de criança. Causei vários problemas! Não sei o porquê, mas eu jamais gostei de seguir as regras, de fazer mais do mesmo. Nasci em uma cidade pequena, Araguari, e me formei na ESPM do Rio de Janeiro. O que me ajudou a ficar um pouco mais esperto foi o fato de ter sido assaltado a mão armada no meu primeiro dia na cidade maravilhosa. Foi quase um batismo!

Nunca fui de ficar parado e esperar a vida passar. Por isso, comecei a fazer estágio na empresa em que meu pai trabalhava – uma gigante no ramo de seguros de saúde. Era o sonho dele, mas não o meu. Durante esse período, eu ficava extremamente incomodado com a burocracia e estrutura interna engessada. Na época, eu era muito jovem, minha cabeça borbulhava de ideias e eu queria contá-las para alguém, fazer algo de valor. Só que minhas ideias eram abortadas ou nem chegavam a ser ouvidas.

Naquele momento, meu sonho era trabalhar em um negócio em que eu pudesse expor minhas ideias e em que, ao mesmo tempo, pudesse me divertir. Por isso, depois que abri o meu negócio, decidi que teria uma cultura interna diferenciada.

Ao longo da minha vida nunca planejei ser empreendedor. O *insight* que me fez montar a minha empresa veio de uma oportunidade que enxerguei em 2004. Sempre fui fanático por tecnologia e por isso resolvi comprar um celular *top* de linha da época, que se resumia a uma tela de 18 cores. Como minha rotina era uma ponte área RJ-BH-Araguari, passava muito tempo em terminais rodoviários e aeroportos. Em um desses dias, esperando por um voo, tentei conectar a *internet* – WAP (naquela época 3G nem existia) e baixar um *game* para passar o tempo. Não consegui! Isso me fez lembrar o que estava aprendendo na faculdade: quando se quer alguma coisa que não existe é porque tem demanda e possivelmente um mercado.

Voltei para casa e pesquisei sobre o assunto. Para minha surpresa, *games mobile* também eram novidade nos EUA, mas na Europa esse mercado estava "esquentando". Ainda no calor do momento tomei minha decisão: abordar umas das desenvolvedoras de jogos para ser seu *reseller* local. Não tinha nem ideia de como faria isso, mas me arrisquei e mandei *e-mails* para mais de dez companhias e uma delas me respondeu dizendo que iria se reunir comigo, desde que eu levasse um plano de negócios. Como não poderia perder essa oportunidade, com apenas 22 anos nas costas e o conhecimento da faculdade, criei um plano de negócios com o que tinha aprendido e viajei para Londres para apresentar a ideia. Para minha surpresa, deu certo!

Quando retornei ao Brasil, fui contar para o meu pai a novidade. Mesmo contrariado ele me parabenizou e me fez uma das perguntas mais difíceis que tive de encarar: "Com que dinheiro você irá abrir sua empresa?" Sem muito pensar, respondi: "É aí que você entra. Me apresenta um cara rico?" Foi quando ele me apresentou Almir Gentil, o *"Big Boss"*. Almir é médico de formação, foi diretor de *marketing* por oito anos da Unimed no Brasil e tem faro para negócios. Vendi meu sonho e ele e meu pai compraram a ideia.

### O nascimento da Samba...

Com o capital-anjo de US$ 100 mil a Samba saiu do papel e pôde virar, na época, a Samba Mobile. Um escritório com 20 m² e quatro pessoas (sendo três estagiários). Como o mercado era novo, em um ano de operação conseguimos abrir mais de 40 canais de distribuição e escritórios no Chile e na Argentina para cobrir toda a América Latina. Nesse período, Rodrigo Paolucci, ex-diretor de *Marketing* e Vendas e atual CEO da SambaAds, foi chamado para comandar a então área de "conteúdo". O Pedro Filizzola, atual CMO da empresa, entrou no time logo em seguida e foi o responsável por prolongar o nosso período de maturação no mercado. Eles tinham muita criatividade, força de vontade e respiravam *marketing*.

Mas, o que era novidade rapidamente se tornou um oceano vermelho. A cadeia de valor foi completamente dominada pelas operadoras e o pior aconteceu: concorrentes de fora chegaram ao Brasil, munidos de games licenciados de filmes do momento. Seria uma batalha invencível. Foi aí que me lembrei de Michael Porter: um dos nossos pontos na cadeia de valor tinha sido espremido. Os compradores passaram a ter muito poder de barganha. O mesmo mercado que antes tinha só a Samba agora tinha gigantes como EA, Eidos e Gameloft. Numa tentativa de nos diferenciar, começamos a trabalhar em um projeto para vender jogos de computadores usando a *internet*.

Na época (2007), fechamos acordo com vários portais, mas alguns meses depois percebemos que estávamos perdendo dinheiro porque ninguém tinha banda larga para baixar os jogos que pesavam mais de 1Gb. O modelo de negócio foi um fracasso, mas a tecnologia não! E foi nesse momento que a Samba mudou seu foco de atuação. Percebi que era necessário construir uma tecnologia própria. O celular passou a ser visto por nós como mais um *device* para receber conteúdo, ou seja, era um meio e não o fim.

Lembro-me de que nessa época nós estávamos acompanhando as tendências e o Google estava prestes a comprar o YouTube. Sem muita certeza do que seria, resolvemos apostar todas as nossas fichas no mercado de comunicação digital e criamos uma plataforma profissional para gestão e distribuição de vídeos *online*. A ideia era atingir clientes (grandes empresas, grupos de mídia e instituições de ensino) que não podiam ou não queriam utilizar o YouTube por uma série de questões estratégias. Essa aposta deu muito certo.

Passamos a oferecer diversos produtos, desenvolvidos em nuvem e com tecnologia de *streaming* de ponta, para atender mercados como os de comunicação corporativa, tv na *internet*, educação à distância e transmissão ao vivo. Todos têm o propósito de ajudar empresas a se comunicarem melhor com sua audiência por meio de vídeos *online*.

Hoje, depois de duas novas rodadas de investimento, uma parceria global com o MIT, Microsoft e Harvard, a Samba conquistou 12 prêmios nacionais e internacionais, tem mais de 80 funcionários, escritórios no Brasil e no exterior, mais de 150 clientes, incluindo os maiores grupos de mídia, instituições de ensino, algumas das maiores empresas do Brasil e canais de vídeos *online*.

Somos a plataforma de vídeos *online* líder na América Latina, mantendo a cultura que me estimulou a montar a Samba: jovem, descontraída e inovadora. Além disso, em 2014, fomos eleitos pela *FastCompany* como uma das companhias mais inovadoras da América Latina.

Esse DNA fez com que criássemos uma série de programas internos, como a Hack Week, uma maratona de programação que tem como objetivo promover a integração da área de negócios com a de tecnologia, com o propósito de criar novos projetos. Dessa maratona, surgiram muitas ideias que viraram produtos, e depois empresas de rápido crescimento. De problemas reais identificados e bons projetos, conseguimos criar empresas de sucesso. A SambaAds, que hoje é uma empresa do Samba Group, focada em publicidade e referência em distribuição de conteúdo *premium* na web, é um exemplo.

Para mim, é muito gratificante ver que consegui criar uma empresa que é líder em seu segmento, gerenciar outras duas e fazer parte do *board* de outras três. Todo meu esforço e trabalho para conquistar meu lugar no mundo empreendedor me fez ganhar alguns prêmios, dos quais me orgulho muito.

Recentemente, fui selecionado como um dos mais novos InFluencers do LinkedIN, fui nomeado o Empreendedor de Sucesso no Brasil em 2009 pela revista PEGN e a VISA, melhor cofundador pelo The Next Web em 2012, um dos 50 mais inovadores do mundo digital brasileiro pela ProXXima no mesmo ano, um dos brasileiros mais inovadores com menos de 35 anos pelo MIT, um dos jovens mais influentes da *internet* pela revista GQ Brasil em 2015, além de ter sido considerado pela Business Insider como o "Mark Zuckerberg brasileiro".

Além da Samba Tech, não posso esquecer de mencionar a AB*Startups*. Em 2011, observando o ecossistema de *startups* brasileiro e devido à falta de iniciativa e apoio dos poderes Executivo, Legislativo e Judiciário, eu juntamente com mais alguns empresários e empreendedores decidimos fundar a Associação Brasileira de *Startups*, uma entidade sem fins lucrativos, que tem como missão promover o ecossistema brasileiro de *startups* nacionalmente e internacionalmente. Fui presidente durante quatro anos, e no ano passado passei o bastão para a atual gestão, que hoje representa as mais de 4 mil *startups* credenciadas em sua base.

Com toda experiência e conhecimentos adquiridos ao longo da minha carreira, gostaria de finalizar a minha história contando alguns mantras que me guiaram até aqui e são válidos para qualquer empreendedor:

## A ESTRATÉGIA DOS PINOS DE BOLICHE

Quem faz tudo, não faz nada. A primeira pergunta que um empreendedor deve se fazer é: qual problema minha empresa resolve? Se a resposta possuir mais de uma opção, pode ser que a empresa tenha um desafio relacionado ao foco. É muito importante definir o que você faz, mas mais importante do que isso é saber o que você não faz. Resolver diferentes problemas para diversos clientes pode parecer tentador, mas vai exigir que você seja especialista em muitas coisas ao mesmo tempo e isso pode minar o seu crescimento.

Uma estratégia vencedora para a manutenção do foco no negócio, e que utilizamos na Samba Tech, é a dos "Pinos de Boliche". Sempre que vamos entrar em um novo mercado, focamos no primeiro pino, ou seja, no líder daquele segmento. Fazemos de tudo para conquistar esse cliente e, dessa forma, adquirimos conhecimento e endosso suficiente para ir atrás de outras empresas com modelos de negócio semelhante. A ideia, como no boliche, é fazer com que esse primeiro pino ajude a derrubar os próximos.

## *POWER TO THE EDGES*

Para o Exército Americano (U.S. Army), "*Power to the Edges*" consiste na capacidade de atribuir às suas tropas o poder de tomar decisões rápidas, sem a necessidade de aprovação de um superior. Os soldados são muito bem treinados para realizar suas atividades rotineiras, mas também para agir caso se deparem com uma situação inusitada.

Para o mundo dos negócios, esse conceito se refere à capacidade de uma organização de sincronizar suas ações, de forma dinâmica, e ter controle e agilidade sobre todas as informações que possui em mãos. Ou seja, transferir conhecimento e poder para que os funcionários tomem decisões. Quando as pessoas que estão na linha de frente da sua empresa têm autonomia e responsabilidade para agir, as oportunidades não são perdidas e isso contribui muito para atingir os resultados desejados e estimular a inovação.

## ENTRE O MAPA E O TERRENO, FIQUE COM O TERRENO

"Se houver disparidade entre o mapa e o terreno, fique sempre com o terreno." Essa á uma regra do Exército Canadense utilizada em uma época em que não havia GPS e as tropas se orientavam através de mapas físicos. Para não se enganarem com as diferenças entre o que estava no papel e a realidade, os soldados eram orientados a sempre seguir o que estavam vendo.

Na prática, isso significa que, se no mapa está escrito que em um determinado local existe um rio e os soldados estão vendo apenas areia, deve-se acreditar, logicamente, no que se vê. Essa regra, por mais antiga e óbvia que possa parecer, continua atual e aplicável ao mundo dos negócios. Jamais siga cegamente uma estratégia que parece perfeita no papel ou em um plano de negócios. É imprescindível ser flexível e adequar o planejamento de acordo com o que se está observando no mercado: tendências, mudanças, *feedbacks* e validações.

## FAÇA ACONTECER, DEPOIS APRIMORE

"*Fail fast strategy.*" Você pode ter uma ideia de produto que vai mudar o mundo, mas se você não testá-la no mercado ela continuará sendo somente uma ideia. Por isso, é importante colocar o seu produto no mercado e colher *feedbacks* dos potenciais clientes.

Um dos mantras do Google diz que se você não falha é porque não está se movendo rápido o bastante. Essa frase revela uma das principais características que um negócio deve ter: "*Fail fast and cheap*". Ou seja, se existe uma maneira ideal para falhar, ela deve ser rápida e barata. Se demorar uma eternidade para colocar o seu produto no mercado e, só depois de muito investimento e desenvolvimento, descobrir que as pessoas não querem ou não precisam dele, você terá gasto muito dinheiro e frustrado as pessoas que acreditaram no seu sonho.

**JOVENS EMPREENDEDORES**

## NADE COM TUBARÕES

Ouça o que empreendedores mais experientes têm a dizer. Não importa se os negócios são diferentes, acredite, eles também passaram por tudo o que você está passando e ainda vai passar e podem contribuir com a sua jornada. Ouvir outras histórias e experiências pode contribuir de alguma forma para o desenvolvimento da sua ideia e enriquecer sua trajetória como empreendedor. Até hoje, tenho alguns mentores que me dão conselhos valiosos. Durante a minha trajetória encontrei diversos atalhos ouvindo e absorvendo novos aprendizados em diversas conversas com grandes líderes no mundo dos negócios. Esse é o MBA da vida.

**JOVENS EMPREENDEDORES**

GUSTAVO CASSIOLATO

# OPORTUNIDADES E O CAMINHO PARA O SUCESSO

## GUSTAVO CASSIOLATO

Engenheiro Civil formado na Escola de Engenharia Mauá com pós-graduação em Gestão Estratégica de Negócios. Atuação há mais de dez anos no gerenciamento de equipe técnica/comercial da empresa Aricabos Indústria e Comércio.
Atualmente é sócio-proprietário das empresas Rigging Brasil, Agmov e Escola da Movimentação, empresas de grande destaque no segmento de elevação e amarração de cargas apresentando uma gama de produtos e serviços inovadores para o segmento.
Presidente e fundador da Abemac (Associação Brasileira de Engenharia de Movimentação e Amarração de Cargas).

(11) 2532-0529
gustavo@riggingbrasil.com.br
www.riggingbrasil.com.br
São Paulo/SP

## JOVENS EMPREENDEDORES

A cooperação de líderes empresariais é essencial para sabermos que sofremos dos mesmos problemas, que não estamos sozinhos, que temos uns aos outros para confiar e partilhar conhecimentos e continuarmos prosperando ou encorajando novos empreendedores a adentrar nesse mundo desafiador e altamente competitivo.

Se você adquiriu este livro, está tendo a oportunidade de obter *cases* de empreendedores de sucesso dos mais variados segmentos. Com certeza cada um dos autores tem uma mensagem importante a dividir, e em nenhuma instituição de ensino você conseguiria obter tanta informação rica e importante para aplicar em seu negócio.

Assim, você e outros leitores estão tendo a mesma oportunidade – conhecimentos obtidos por meio da leitura desta publicação. É aí que os Empreendedores de Sucesso se destacam do restante das pessoas, através da visão.

> "Visão é a arte de ver oportunidades onde a maioria das pessoas só vê problemas."

Para muitas pessoas, os casos de sucesso aqui podem até ter semelhança com sua trajetória, porém, muitas não conseguem utilizar essas informações para aplicar em seu negócio, pois não conseguem enxergar fora da caixinha – pela falta de visão.

Ao enxergar uma oportunidade, você precisa analisar e verificar se a mesma é viável. Um pequeno *check list* é essencial para obter essa resposta:

- ✓ Seu negócio vai resolver um problema?
- ✓ Existe um produto ou serviço que solucionará esse problema?
- ✓ Os clientes são facilmente identificáveis?
- ✓ Seu plano de negócio é viável financeiramente?
- ✓ O retorno está dentro do esperado?

O empreendedorismo começou cedo na minha vida. Meu pai, após 30 anos de dedicação em uma só empresa, viu-se da noite para o dia se tornar um empreendedor por necessidade. Acompanhei todos os passos e ganhei uma grande escola, onde sua gestão me deu uma base sólida para empreender.

Meu primeiro negócio iniciou-se através de uma oportunidade.

Fui vendedor de produtos de movimentação de carga durante cinco anos nessa empresa da qual meu pai era proprietário. No começo a empresa tinha uma pequena estrutura e cada venda estava diretamente ligada com os seus resultados e consequentemente com o meu salário e de minha família.

Acompanhar a empresa como funcionário durante o período de trabalho e todas as noites jantar com meu pai discutindo os caminhos da empresa fez com que obtivesse uma grande visão do negócio, descobrindo as dificuldades, as vírgulas do negócio e principalmente o árduo trabalho que é empreender.

Através das visitas que realizava às empresas, fui aprimorando minha parte técnica e acompanhava as necessidades de cada cliente. Apresentava soluções e medidas para que os produtos que eu vendia obtivessem uma maior durabilidade, apresentava relatórios para obter mais segurança nas atividades e ministrava diversos tipos de treinamentos.

Com isso, verifiquei que muitos clientes gostavam dos apontamentos que fazia, deixando de ser um mero vendedor de produtos que o catálogo apresentava para ser um consultor de confiança das empresas. Foi aí que a oportunidade de vender esses serviços se tornou meu primeiro negócio.

Minha contribuição nesta publicação é mostrar ao leitor as etapas que devem estar ligadas diretamente com as oportunidades – que foi o alicerce do meu crescimento empresarial.

Estar constantemente disposto e ter humildade são grandes virtudes para o sucesso.

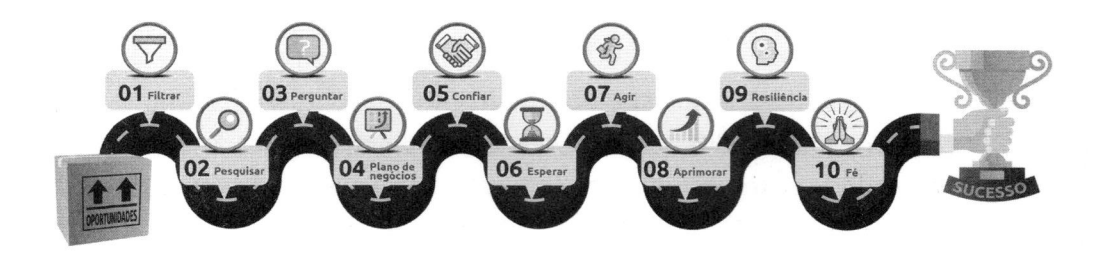

OPORTUNIDADES → 01 Filtrar → 02 Pesquisar → 03 Perguntar → 04 Plano de negócios → 05 Confiar → 06 Esperar → 07 Agir → 08 Aprimorar → 09 Resiliência → 10 Fé → SUCESSO

## Etapa 1 – FILTRAR

A atividade de filtrar as oportunidades é uma excelente ferramenta para fugir de um negócio ilusório, muito concorrido ou com elevado risco. No atual contexto nacional, a crise econômica tem culminado com a formação de muitos empreendedores por necessidade – aqueles que iniciaram um empreendimento autônomo por não possuírem melhores opções para o trabalho e precisam abrir um negócio a fim de gerar renda para si e suas famílias[1].

Assim como você pode comprar inúmeras revistas de negócios, visitar feiras de franquias e acompanhar outros empreendimentos em sua região que farão com que você tenha muitas opções de abrir seu negócio.

Contudo, a oferta de possíveis negócios é imensa e para isso você deve estar atento para filtrar aquilo que realmente busca. Todas as economias de sua vida podem ser perdidas por ter escolhido incorretamente uma oportunidade ilusória.

## Etapa 2 – PESQUISAR

Com a definição do seu negócio, é extremamente importante você pesquisar o mercado e analisar o nível de concorrência que nele existe. Temos uma ampla e rica rede de consulta gratuita para ser usada 24 horas por dia denominada *World Wide Web* (www) – a *internet*.

Descubra quem são seus concorrentes e o público-alvo de seu negócio. Se possível compre os produtos/serviços dos concorrentes para saber seus pontos fracos e fortes (análise SWOT - FOFA) e assim saber o que você pode melhorar e o que pode ter de lição para utilizar em seu negócio.

> "Se conhecemos o inimigo (ambiente externo) e a nós mesmos (ambiente interno), não precisamos temer o resultado de uma centena de combates. Se nos conhecemos, mas não ao inimigo, para cada vitória sofreremos uma derrota. Se não nos conhecemos nem ao inimigo, sucumbiremos em todas as batalhas."
>
> **Sun Tzu em "A Arte da Guerra" (500 a.C.)**

---

1. http://www.brasil.gov.br/economia-e-emprego/2012/02/oportunidade-e-necessidade

Utilize outras ferramentas para análise de mercado e gestão como: Matriz BCG, 5 forças de Porter, dentre outras. Quanto mais conhecermos e estudarmos, menos estaremos suscetíveis ao erro.

Para iniciar meu primeiro negócio, foi praticamente um ano de pesquisa e prospecção de empresas, mercados e tendências nacionais e internacionais.

### Etapa 3 – PERGUNTAR

Para entrar de cabeça em seu novo negócio, saber todas as etapas do seu negócio é primordial para o sucesso. Para isso você deve ser um grande questionador, obter a maior quantidade de conhecimento sobre o negócio.

> "Saber onde encontrar a informação e saber como usá-la. Esse é o segredo do sucesso" Albert Einstein

Se você optar por empreender em uma área desconhecida, é recomendável que obtenha um auxílio de profissionais do setor, através de uma consultoria especializada ou até mesmo da contratação de um profissional específico por um curto período.

Uma pessoa que diz fazer tudo acaba não fazendo nada bem feito. Terceirizar pode ser uma solução eficaz e econômica para muitas atividades.

### Etapa 4 – PLANO DE NEGÓCIOS

Todo empreendimento deve possuir um planejamento no qual devem ser definidas todas as etapas, objetivos e metas do negócio – o plano de negócios. Quanto mais detalhado o plano de negócios, maior a possibilidade de não ter surpresas no futuro. Desenvolver cenários e criar um foco no negócio são essenciais para gerenciar de maneira mais eficaz a empresa e tomar decisões acertadas nos mais variados momentos que a empresa tiver.

> "Para quem não sabe aonde quer chegar, qualquer caminho serve."

Acredito que todo empreendedor deve fazer um treinamento ministrado pelo Sebrae (Empretec) – com base em metodologias da ONU (Organização das Nações Unidas). Eu fiz e saí de lá com a certeza do meu negócio e muito feliz com o resultado pois são apresentadas diversas ferramentas para a análise do plano de negócios, assim como é um choque pessoal para conhecimento de metas, planos e objetivos de vida e profissional.

Existem outras organizações tão boas quanto o Sebrae para apoio ao empreendedorismo, como a Endeavor.

Fazer um plano de negócios e definir claramente as metas a serem atingidas em cada etapa é essencial para não cair nas estatísticas das empresas que fecham com menos de um ano de atividade.

### Etapa 5 – CONFIAR

A confiança em pessoas é essencial para o sucesso do negócio. Seja ela sócia, companheira, parente ou apenas um amigo, a troca de ideias é fundamental para a busca de soluções, impasses e direcionamento do caminho correto a trilhar.

> *"A confiança é algo incrível: é difícil de ser criada e fácil de ser perdida."*

Acredito que o grande salto da minha empresa para atingir um elevado nível de organização foi com a entrada de um grande amigo meu, que veio a ser meu atual sócio. Sua organização e seu pé no chão ajudaram a empresa a obter uma estrutura que grandes empresas não têm.

Escolha corretamente seus sócios e tenha admiração pelo trabalho que eles exercem na empresa, assim a vontade de trabalhar em conjunto sempre será um fator determinante para o sucesso.

Tenho muita sorte de ter pais que sempre me apoiaram em todas as decisões que tomei, e pelo destino consegui encontrar logo cedo a mulher que completasse o sentido da vida e realmente me jogasse para cima, estando sempre ao meu lado, entendendo meus horários, viagens e ausências – fatores essenciais para dar tranquilidade e conforto pessoal.

Independentemente do tamanho de sua empresa, estar próximo de seus funcionários é extremamente importante para você conseguir transmitir a eles os objetivos do negócio, criando uma proposta de valor para o negócio, sabendo quais funcionários estão engajados com a empresa (que realmente vão trazer algum benefício) ou aqueles que estão apenas de passagem.

### Etapa 6 – ESPERAR

Esperar o momento certo para tomar a decisão é uma atitude que pode evitar uma decisão precipitada. Revisar e efetuar uma análise crítica são as melhores formas de obter resultados cada vez melhores.

Lembre-se, dinheiro pode ser recuperado, mas o tempo não.

### Etapa 7 – AGIR

Muitas ideias provavelmente não saem do papel, pois ao passar por todas as etapas de análise acabam se tornando inviáveis por diversos motivos: econômicos, altos investimentos, logísticos, sociais etc.

A ação é a última fase e a mais importante antes de empreender. Você já deve ter falado a seguinte frase algum dia: "Puxa, já pensei em fazer isso". Por que não fez???

> "Uma visão sem ação não passa de um sonho.
> Ação sem visão é só um passatempo.
> Mas uma visão com ação pode mudar o mundo." Joel Barker

A atitude e a crença em relação ao que você realiza vão ser fundamentais para que os seus objetivos se tornem uma realidade.

### Etapa 8 – APRIMORAR

Aprimorar seu negócio é essencial para manter-se competitivo e ter uma longevidade empresarial. Essa atitude faz com que a concorrência não abocanhe seus clientes.

Faça reuniões periódicas com seu time e não burocratize essa atividade. As melhores ideias que tive com meus sócios foram através de visitas a feiras e eventos, cafés da manhã na padaria, dentre outros.

Como seus clientes podem saber que você tem aprimorado seu negócio? Quais as oportunidades que podem aparecer para sua empresa em divulgar essas novidades?

Participar de redes sociais é uma excelente forma de aumentar a visibilidade de um indivíduo, de uma empresa ou de seu produto/serviço. Como nosso mundo está em constante transformação e esse canal de comunicação não existia no passado, estar inserido nas redes sociais é uma questão de sobrevivência para qualquer empreendimento.

## Etapa 9 – SEJA RESILIENTE

O termo "resiliência" na Física refere-se à capacidade de o material sofrer tensão e recuperar seu estado normal – como sou engenheiro, gosto muito dessa definição, pois em áreas da psicologia há explicações bem interessantes sobre esse termo.

Ser resiliente é ter capacidade de adaptação ou de recuperação. Uma atitude resiliente significa ter uma conduta positiva apesar das adversidades. Ser resiliente é ter a capacidade de se reerguer depois de atingido, de adaptar-se positivamente ao que lhe foi imposto, extraindo experiência das situações difíceis e depois utilizar esse aprendizado para reverter a situação a seu favor[2].

Se você realmente quer conquistar algo sólido, as atividades relacionadas acima são um extenso caminho para a estruturação do negócio, e as chances para obter sucesso são imensas.

A melhor recompensa de obter sucesso no seu empreendimento é olhar para trás e ver todas as etapas que você teve de passar para atingir seu objetivo, reerguendo-se a cada obstáculo que apareceu ao longo de sua jornada.

A perseverança, determinação e inovação são as chaves do sucesso para que você alcance seus objetivos como empreendedor.

## Etapa 10 – TENHA FÉ

Independentemente da sua religião, é importante acreditar em Deus e agradecer todos os dias por poder ter a oportunidade de estar vivo, de poder sonhar, de viver.

Lembre-se de que, se ainda mesmo assim você fracassar e as coisas não derem certo por algum motivo, foi uma excelente oportunidade de aprender.

---

2. Universidade de São Paulo – Escola Politécnica da USP – Introdução à Engenharia de Segurança no Trabalho.

## JOVENS EMPREENDEDORES
### HENRIQUE BARROS & PEDRO HENRIQUE SIMÕES

# DESAFIO É O QUE EMPURRA A GENTE

9

## HENRIQUE BARROS & PEDRO HENRIQUE SIMÕES

**Henrique Barros** – Sócio cofundador da Esgrima Propaganda e *Marketing*. Publicitário formado pela Universidade de Taubaté. Tem formação em Direção de Arte pela Miami Ad School/ESPM e MBA em *Marketing* Estratégico pela USP. É membro e cofundador do ESP - Empreendedores de São Paulo. Trabalhou como Diretor de Arte e Diretor de Criação em agências do interior do estado de São Paulo. Conquistou diversos prêmios na área de criação, como o Recall, o Festival Brasileiro de Promoção, Design e Embalagem, o POPAI Brasil, entre outros.

**Pedro Henrique Simões** – Sócio cofundador da Esgrima Propaganda e *Marketing*. Publicitário formado pela Universidade de Taubaté. Tem especialização em Administração de Empresas pela Escola de Administração de Empresas de São Paulo da Fundação Getulio Vargas - FGV-EAESP. É membro e cofundador do ESP - Empreendedores de São Paulo. Trabalhou como Diretor de Arte e Diretor de Criação em agências do interior do estado de São Paulo. Conquistou diversos prêmios na área de criação, como o Recall, o Festival Brasileiro de Promoção, Design e Embalagem, o POPAI Brasil, entre outros.

(11) 3507 5447
henrique@agenciaesgrima.com.br
pedro@agenciaesgrima.com.br
São Paulo/SP

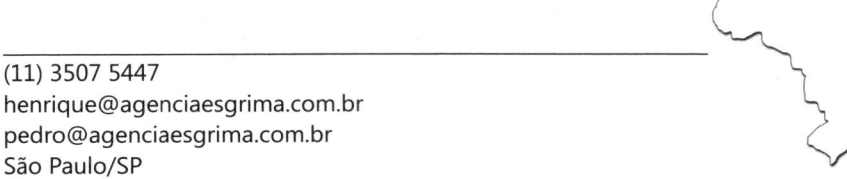

## JOVENS EMPREENDEDORES

Temos uma história familiar parecida, somos de uma família de classe média de Taubaté, interior de São Paulo. Conhecemo-nos no colegial, fizemos o curso técnico de informática em paralelo, porque era uma tendência na época estudar o ensino médio junto com o técnico e basicamente tínhamos de escolher entre informática, eletrônica, mecânica, ou prótese dentária. Foi uma experiência interessante até, mas levamos pra frente somente os amigos da época. Três anos depois, sem combinarmos nada, acabamos escolhendo o mesmo curso superior: Publicidade e Propaganda. Estudamos na Universidade de Taubaté – Unitau, e foi lá que nos encontramos no mundo profissional.

Com 18 anos e já no primeiro ano da faculdade, conseguimos um estágio, só que dessa vez cada um foi para uma agência. Lá então aprendemos na prática o dia a dia de um publicitário. Estudar onde estudamos e estagiar onde estagiamos foram oportunidades absolutamente fantásticas. Batemos cabeça, criamos coisas legais, erramos pra caramba, mas aprendemos muito. Somos gratos a todos que deram essa oportunidade para nós e principalmente aos nossos pais, que sempre estiveram ao nosso lado nos apoiando nas decisões mais malucas.

A faculdade terminou em 2003, depois disso continuamos no mercado publicitário da região do Vale do Paraíba. Trabalhamos com marcas importantes regionais e também nacionais. Em 2006 finalmente começamos a trabalhar na mesma agência. Éramos dois diretores de Arte preocupados em criar campanhas e peças, na medida do possível, extraordinárias. Em 2007 tivemos nosso primeiro triunfo trabalhando juntos, ganhamos um troféu de ouro, um de prata, um de bronze e o Grand Prix. Isso tudo foi o prêmio Recall: a premiação mais importante do interior de São Paulo.

Continuar no Vale do Paraíba era bom, mas não estava em nossos planos. Em meados de 2007, já estávamos cursando a pós-graduação na capital paulista. Direção de Arte na Miami Ad School/ESPM e o CEAG, especialização em administração de empresas na EAESP-FGV. Quando nos demos conta, já estávamos empreendendo, naquela época tínhamos os clientes particulares e um passou a ajudar o outro em seus projetos individuais. Certo dia, em mais um curso em São Paulo, combinamos de aproveitar a viagem para entregar os nossos portfólios em algumas agências. Terminado o dia, já dentro do ônibus de volta a Taubaté, estávamos conversando sobre o desempenho daquele dia. Frustrante? Nem tanto. O "sonho" de trabalhar em uma grande agência deu lugar à empolgação diante de uma grande oportunidade que estava gritando em nossas orelhas: abrir a própria agência.

Ainda na viagem de volta, discutimos sobre como as coisas deveriam acontecer. Conclusão: montamos o nosso primeiro escritório no quarto dos fundos da casa dos pais do Henrique. A estrutura era: uma mesa, dois bancos e um computador. O outro computador só chegaria 30 dias depois.

Dois projetos tiveram destaque e interferiram bastante no rumo das nossas vidas. Um era de um qualificado dentista de Taubaté, dr. Flávio Pinheiro, e outro foi uma de pequena loja de roupas infantis em São José dos Campos chamada Dicolo Moda Infantil. Eles nos ajudaram a comprarmos os nossos dois primeiros notebooks. Foram mais que clientes especiais, o Flávio porque construiu o mais avançado hospital odontológico da região do Vale do Paraíba. Participar de um projeto de construção de uma marca do zero e ver no que se tornou hoje definitivamente coloca esse cliente na lista de favoritos da Esgrima. Depois que nasceu a Claris Reabilitação Oral, a relação entre cliente e agência só cresceu.

O nome "Esgrima" saiu enquanto voltávamos pra casa, na Rodovia Presidente Dutra, depois de uma reunião com a Dicolo, na qual o trabalho foi pontual. Mas a amizade ficou e o destino reservou mais uma aproximação entre a gente muito tempo depois.

No início de 2008, estávamos conversando com o André Có, dono de uma jovem marca de cosméticos conhecida como Vive Cosmétique. Ele estava encerrando o contrato com uma agência e precisava repor a vaga. As coisas foram correndo bem e fechamos o nosso primeiro contrato de freelas. A partir daí, o trajeto entre Taubaté/Mogi das Cruzes passou a fazer parte da nossa rotina. Nesse período fizemos dois grandes amigos, o André Có e o Edson Gusmão, comprador da Vive. Esses dois tiveram uma grande parcela de "culpa" por estarmos na ativa até hoje.

Nessa mesma época iniciamos uma conversa com a Kátia Nogueira, nossa amiga e que trabalhava no *marketing* da LG Eletronics. Estávamos animados com a possibilidade de conseguir um job, por menor que fosse. A LG tinha uma demanda grande de trabalhos e contava com algumas agências. Pouco tempo depois as primeiras tarefas foram surgindo, eram projetos pequenos, mas uma enorme oportunidade de mostrarmos o nosso trabalho.

## JOVENS EMPREENDEDORES

Logo em seguida fomos convidados pela Kátia e pelo Alex Silvério, gerente de produto da linha de áudio e vídeo, para participar de uma concorrência com mais quatro importantes agências de São Paulo. O vencedor iria realizar um projeto de materiais de ponto de venda que atenderia a todo o Brasil. Agendamos a primeira reunião de *briefing* já para o dia seguinte, 9h30 da manhã, e como morávamos em Taubaté logo encontramos o primeiro desafio: não nos atrasarmos para o encontro.

Apesar de Taubaté estar somente a 126km de São Paulo, partimos às 4h30 para não ter erro. Às 6h30 da manhã estávamos no estacionamento do *Shopping Marketing Place*, local onde fica a sede administrativa da LG. Chegamos um pouco cedo para a reunião, mas melhor assim. Tínhamos mais três horas de bobeira. Dormimos no carro e até hoje olhamos para aquela vaga do estacionamento como se ela fizesse parte da Esgrima.

A reunião foi tranquila, colhemos as expectativas e dois dias depois lá estávamos nós nos reunindo às 9h30. Eram muitas peças, além das que haviam solicitado, aproveitamos para sugerir outras também. Começamos a apresentação para a Kátia e o Alex, e peça vai, peça vem, decidiram chamar o coreano diretor da linha para avaliar. O nome ocidental adotado por ele era Daniel, se mostrou uma pessoa séria, olhava o nosso material com objetividade, sem demonstrar muita admiração, ficava olhando os nossos cartões de visitas sem demonstrar emoção alguma, a nossa decepção interna só aumentava por conta disso e alguns pensamentos eram inevitáveis: "Putz, esse cara não está gostando de nada","estamos concorrendo com agências grandes, já era". Em seguida, ele chamou o Alex e com sotaque perguntou:

– Alex, essa agência foi a que desenvolveu os nossos materiais ano passado?

– Não, Daniel. Essa é a Esgrima. É uma agência nova que chamamos para a concorrência. Não fizeram nada para nós ainda.

Ele continuou olhando para os nossos cartões de visita e disse:

– Então não quero saber de outras agências. Quero trabalhar com Esgrima!

Ficamos muito animados e passamos a atender com exclusividade a demanda que a linha de áudio e vídeo tinha na época. Foi um grande passo.

Depois de tudo isso, tínhamos de alugar um espaço para montarmos um escritório em São Paulo. Era fundamental mudarmos para a capital para atender melhor a Vive e a LG. Um amigo do André Có, Marcelo Santos, tinha uma casa na Vila Sônia que havia acabado de comprar e reformar.

Montamos a Esgrima na parte da frente da casa. Usamos a sala e mais um quarto que ficava logo ao lado para montar o escritório, a parte de trás se transformou na nossa moradia. Foi uma época muito boa, o desafio de morar fora da casa dos pais, tocar uma empresa e atender dois clientes tão importantes era motivador demais. Sempre fomos muito profissionais, a nossa preocupação era entregar os projetos com qualidade. Não estávamos lá para brincar e nos aventurar. Foi um início muito legal e temos ótimas lembranças dessa parte da nossa história.

No final de 2008 ganhamos nossos primeiros prêmios no Festival de Promoção, Design e Embalagem promovido pela revista About. Peças que havíamos criado para a LG e para a Vive foram reconhecidas e levamos três bronzes. Foi um grande presente logo no primeiro ano de vida.

Em junho de 2009 conquistamos mais dois clientes. A Soin Sociedade, empresa que abriga algumas marcas de produtos de limpeza como o Evita Mofo Sec'ar. Outro cliente que teve um papel importante em nossa jornada foi o Centro de Combate ao Câncer. Uma clínica oncológica localizada na Avenida Brasil. A partir daí fomos percebendo que o crescimento da empresa estava na nossa frente e contratamos mais uma pessoa para nos ajudar. No final de junho surgiu mais uma grande oportunidade dentro da LG: fazer o lançamento da TV Scarlet II em todo o Brasil. Era surreal, um projeto de gente grande, e mergulhamos de cabeça.

Durante a semana trabalhávamos bastante e aos finais de semana voltávamos para Taubaté para rever a família e os amigos. No dia 26 de julho de 2009, um domingo nublado, feio, nós estávamos no interior trabalhando no projeto de lançamento da nova TV que deveríamos apresentar na segunda-feira na LG quando recebemos a ligação do Marcelo nos dizendo que bandidos haviam entrado na agência e levado tudo. Foi um dos golpes mais duros que já levamos em nossas vidas. Quando chegamos vimos uma cena terrível. A nossa empresa arrombada, bagunçada e praticamente vazia. E o pior, no dia seguinte a reunião de apresentação do projeto de lançamento da TV estava de pé e tínhamos de cumprir.

Não tínhamos escolha. Se queríamos ter uma empresa, teríamos de retomar e fazer tudo de novo. Naquele momento eram somente dois *notebooks* que estavam com a gente e um HD portátil que usávamos para fazer *backup* do servidor e que levávamos quando saíamos do escritório. O desafio naquela primeira semana foi torturante. E os clientes estavam a todo vapor. Tivemos de refazer um mês de trabalho que foi perdido.

Passado o susto e com a mente mais calma e equilibrada retomamos a vida. Concluímos o projeto Scarlet II e dois meses depois conseguimos repor boa parte da nossa estrutura. O ano de 2009 estava quase terminando. O Centro de Combate ao Câncer nos convidou para dividirmos uma sala em um prédio comercial no bairro do Morumbi. Era um espaço muito bom, seguro e uma nova fase da Esgrima havia começado. E para fechar o ano fomos indicados para a lista *"The hot tops"* da Revista *About*, que indica as agências mais criativas para se trabalhar.

2010 foi um ano de fortes emoções. Estávamos a todo vapor, começamos a trabalhar com a linha de condicionadores de ar da LG, e mais alguns produtos da linha branca. A nossa cartela de projetos aumentou bastante. A linha de áudio e vídeo estava indo de vento em popa, agora administrada pela nossa parceira Raquel Martins que nos apoiou muito. O resultado disso foram dois troféus, um de ouro e outro de prata, concedidos pelo Prêmio POPAI Brasil. Essa premiação é o Oscar do *merchandising*. Logo depois, a matriz da LG na Coreia premiou a equipe da Raquel como os melhores projetos de PDV entre todas as filiais em todo o mundo. Prêmio que gentilmente foi dividido com a Esgrima.

Vida que segue, 2011 foi um ano de novidades e passamos a atender também a Volkswagen em alguns projetos de comunicação interna. Em abril nos mudamos, junto com o pessoal do Centro de Combate ao Câncer, para uma casa na Avenida Brasil. O início disso tudo foi muito bem, mas logo depois a vida voltou a nos mostrar seu lado duro.

No início de 2012, nossos projetos na LG diminuíram bastante. Entre 2012 e meados de 2013 podemos dizer que foi a pior fase profissional das nossas vidas. Tínhamos tudo para abandonar o navio e procurar outra coisa para fazermos. Podemos confessar que achávamos que dificilmente alguma coisa superaria o assalto de 2009, mas essa crise foi de longe muito pior.

O que foi definitivo para nós foi o foco. Nós dois sabíamos o que queríamos e compartilhávamos do mesmo sonho. Havia muita coisa mais importante que dinheiro e o nosso sonho não poderia acabar daquele jeito. Aguentamos firme, deixamos o "mimimi" de lado e enfrentamos a batalha.

Desde o início de 2011 estávamos em negociação com a Avora Cosméticos, por intermédio do André Có, e como tudo na vida tem a hora certa para acontecer, o negócio só foi fechado em julho de 2012. A partir daí a Vive passou a integrar novamente a carteira de clientes da Esgrima, como também todos os outros produtos da Avora. O início foi um dos momentos mais intensos e desafiadores de toda a nossa carreira. Com a chegada da Vive, a Avora passou a ter duas marcas, uma que já existia e a outra chegou com uma leitura de mercado completamente diferente, e mesmo as duas estando no mesmo segmento se distinguiam demais. Isso foi um problema inicial muito grande para a empresa, pois seus clientes, que são as grandes perfumarias espalhadas por todo o Brasil, estavam tendo dificuldades para entender a união das duas empresas e o portfólio de itens e isso ocasionou uma redução de vendas e a rejeição de alguns produtos tanto por parte dos clientes, quanto por parte dos próprios representantes de vendas. A Esgrima, então, juntamente com os executivos da Avora, traçou uma estratégia de reposicionamento e alinhamento de toda linha Avora e Vive.

Gostamos de contar essa história não somente pela parte técnica, mas também pelo clima que se formou na empresa. Aprendemos como é importante o otimismo, mesmo em situações tão drásticas como essa. O resultado? Bom, o resultado foi que todo esse processo gerou uma euforia tão grandiosa, tão profissional e tão apaixonante dentro da empresa que o faturamento no final do período triplicou. A partir daí a empresa vem crescendo uma média de 30 a 40% ao ano.

As coisas sempre se encaixam quando o foco é o bom trabalho, as boas práticas e a defesa de uma ideia em que se acredita. A questão não é trabalho árduo. Vale mais a pena investir o seu tempo em trabalho inteligente. Porque quando se planeja o que deve ser feito perde-se menos tempo e o stress não interfere nas decisões mais importantes. Depois que fechamos negócio com a Avora, entendemos que o valor de uma boa relação vale mais do que qualquer centavo, pois é dela que aparecem as melhores oportunidades. Rinaldo e Edna Sganzela, proprietários da Avora, nos ensinaram a conduzir as coisas assim, e levamos esse aprendizado a todos os nossos clientes.

Como todos sabem, conquistar é uma coisa e manter é outra. Nos anos de 2013 e 2014, focamos em atender bem os nossos clientes e assim foi. Ganhamos um prêmio da Avora Cosméticos como melhores parceiros. É o troféu mais valioso que temos, junto com o da LG que foi dividido com a gente. Nesse mesmo ano, nos mudamos para um dos lugares mais incríveis que já havíamos visto. É um condomínio de empresas muito diferente. As salas comerciais são formatadas em estilo de casas e aquilo era fascinante para dois publicitários que viram mais uma oportunidade de saírem da caixa.

Lembram-se de quando falamos sobre dois freelas que ajudaram a gente a começar? Bom, a Claris está conosco até hoje e está tudo indo muito bem. Já a Dicolo encerrou as suas atividades em 2010, nessa época já não tínhamos mais contato, mas o destino reservou uma grande surpresa. Os proprietários William e Cris fundaram a Kainos, uma empresa de *contact center* que fica no centro de São Paulo e já nasceu com grandes clientes. Mas, nessa época, nós não fazíamos ideia de que a Kainos existia, até que o William pesquisou na *internet* sobre a Esgrima e chegou até nós. Ficamos espantados com a o tamanho da empresa, que em pouco tempo já contava com mais de 400 colaboradores. Retomamos o contato, a amizade, e no início de 2015 a Esgrima e a Kainos passaram a ser agência e cliente, graças ao bom relacionamento, e um empurrãozinho do destino.

Hoje, além da Esgrima, temos um projeto de consultoria que ajuda pequenas empresas a formatarem seu negócio. Também criamos o ESP – Empreendedores de São Paulo, nada mais que um grupo de empreendedores interessados em *networking* que topou se reunir para trocar experiências. Além de conhecermos pessoas incríveis, unimos forças para ajudar pessoas mais carentes, creches, asilos, e instituições que precisam de uma atenção especial. A nossa história não para aqui. Não chegamos nem no meio do caminho ainda e isso é revigorante. Vamos continuar fazendo o que nascemos para fazer e acreditamos que podemos ajudar os negócios, as ideias, as pessoas a acreditarem em algo novo e cada vez melhor. A comunicação tem o poder de transformar tudo que ele pode alcançar e é com esse alcance que queremos deixar a nossa parcela de melhoria nas vidas dos nossos amigos, parceiros, clientes e a todos aqueles que acompanham a nossa trajetória.

## JOVENS EMPREENDEDORES
### IVAN BERMUDES

# QUAL SEU IMPACTO PARA O MUNDO?

## IVAN BERMUDES

Graduado em Administração de Empresas pela FAAP (Fundação Armando Alvares Penteado), atua na área comercial desde 2008, cofundador e diretor Comercial da Condlink, aplicativo de comunicação e segurança para condomínios com mais de 200 condomínios e 70.000 usuários ativos e presença nacional.

(16) 3413-7100
ivan@condlink.com.br
www.condlink.com.br
São Paulo/SP

Dividi minha breve história em etapas importantes na construção da minha carreira e vida pessoal. Elas contam e ilustram o que vivi, como pensei em cada momento e como você também pode pensar a respeito da maior obra da sua vida, a construção do seu Ser.

Ao decorrer deste capítulo, quero que você pense na sua história, como a dividiria e o que está fazendo para encontrar o propósito da sua vida.

## O ALICERCE – A INFLUÊNCIA DOS FAMILIARES

Segundo Freud, a personalidade de uma pessoa é desenvolvida em seus primeiros anos de vida e isso impacta em sua personalidade para sempre.

Nasci em São Carlos, cidade do interior de São Paulo, e fui criado pelos meus pais.

Meu pai, médico, me influenciou nos estudos, determinação e ética. Minha mãe, arquiteta de descendência árabe, extrovertida e com um dom nato de negociar, me estimulou a desenvolver a vontade de aprender e a ter desenvoltura para negociar. Eles são muito presentes até hoje, me apoiando, na torcida pela minha jornada e me ensinando constantemente.

Meu avô: uma das pessoas de que me recordo todos os dias, é uma das mais inspiradoras na minha vida pessoal e profissional. Nascido no Líbano, fugiu da guerra e migrou para o Brasil. Formado em contabilidade, buscou a carreira comercial como início da sua vida empreendedora. Trouxe-me o exemplo de que tudo na vida precisa de muito trabalho, honestidade e perseverança.

## OS NEGÓCIOS NA INFÂNCIA

Durante minha infância, dividia minha vida em estudos, atividades físicas e no escritório do negócio da minha família.

Desde pequeno, eu e meus irmãos fomos criados valorizando o dinheiro que recebíamos de presente em datas comemorativas.

Com este orçamento em mãos, necessitávamos fazer escolhas, dar valor ao dinheiro e ter noção de poupar e gastar, seguindo a rigor a regra: "Jamais gaste mais do que você ganha". Parece óbvio, mas é nesse ponto que muitos de nós erramos na vida.

Para complementar minha "renda", vendíamos entre os irmãos e amigos *videogames*, carrinhos, fazíamos rifa de bicicletas antigas para comprarmos novas. Isso completa o ciclo de aprendizado de uso do dinheiro, trazendo noção na prática de quanto ele vale e a importância de saber vender para se capitalizar.

## DO INTERIOR PARA SP – A BUSCA PELO SONHO

Aos 17 anos de idade, parti rumo a São Paulo para estudar Administração de Empresas na FAAP (Fundação Armando Alvares Penteado). Uma cidade global como São Paulo é um excelente ambiente para isso. Aqui você começa do zero, é mais um dentre milhões e precisa buscar seu espaço, seu destaque, construir sua vida.

Optei pelo curso de administração de empresas, ao contrário do que muitos pensam, foi uma decisão planejada e comemorada. Nesta época ainda diziam que você precisava fazer Engenharia para depois realizar um MBA em Administração de Empresas.

Eu estava focado em buscar oportunidades, fazer amizades, buscar exemplos de vida e fazer negócios, e assim eu fiz, aproveitando ao máximo esta oportunidade de estudos e trabalho.

Há uma frase que ecoa na minha cabeça desde pequeno que sempre pratico em momentos que nos desafiam: "Se alguém conseguiu, por que eu não consigo?"

Minha prioridade nos quatro anos seguintes era me formar. Este ambiente me apresentou uma nova realidade, heterogenia, diferente da homogeneidade da cidade pequena.

Desde o primeiro dia em São Paulo, comecei a mapear o que seria meu objetivo de vida, qual o trabalho que gostaria de ter, ambiente de trabalho, rotina diária, família, convívio com amigos.

Sempre tive vontade de empreender, ter uma empresa própria, ser dono do meu tempo e trabalhar onde quer que eu esteja, sem limitações. Para isso, a única certeza que eu tinha era de que precisava saber vender, esse era meu desafio e comecei agir!

## 1ª LIÇÃO – MEU PRIMEIRO TRABALHO

Aos 18 anos me inscrevi em algumas oportunidades de estágio, com uma carga horária que me permitisse focar nos estudos e também trabalhar. Comecei a trabalhar na área comercial de um clube de relacionamento de empresários – WTC Club – World Trade Center. Entrei em um programa focado em vendas, com mais 15 jovens, em que recebemos treinamentos e instruções de postura, testes, palestras, fizeram me sentir um grande empresário com apenas 18 anos de idade. Sabia que estava apenas no início, mas comecei a acreditar em mim! Trabalhei por um curto e intenso período de tempo, com muito aprendizado.

**1ª lição – Não ter medo das pessoas.** O mundo dos negócios exige postura, educação e atitude. Busque fazer negócios e se aproxime de quem tem os mesmos objetivos que você. As empresas são feitas de pessoas e você pode falar com elas.

### 2ª LIÇÃO – A BUSCA POR ESTABILIDADE

Saí do primeiro estágio decidido a trabalhar em uma multinacional, para criar experiência e uma vivência no mundo corporativo. Além disso, a jornada de trabalho com horários fixos me ajudou a focar nos estudos.

Ingressei na área de *Marketing* e Produto da Puma Sports, onde permaneci por sete meses. Os trabalhos diários rotineiros me trouxeram aprendizados em Excel, Word, Power Point e todas as ferramentas necessárias e que utilizamos em nosso dia a dia até hoje. Não há como trabalhar atualmente sem conhecimentos básicos em computação. O desafio era responder diretamente para três chefes, o que exigia organização e dedicação.

**2ª lição – Seja humilde.** Trate todos ao seu redor com educação. Saiba receber ordens e reportar suas tarefas do dia a dia. Documente tudo que você faz, seja organizado.

### 3ª LIÇÃO – IR PARA A RUA APRENDER A VENDER –

Após os sete meses de trabalho na Puma, vi que não era aquilo que eu queria. Estava na hora de aprender mais a vender para seguir no meu sonho de empreender. Um grande amigo da faculdade me convidou para abrir um escritório comercial em São Paulo.

O objetivo era comercializar formulários contínuos (antigas Notas Fiscais impressas que foram substituídas pelas Notas Fiscais Eletrônicas) e rótulos autoadesivos, com o desafio de abrirmos mercado "do zero".

Começamos os trabalhos no centro de São Paulo, nas lojas de atacado, com vendas porta a porta, cliente a cliente, apresentando os diferenciais da venda de uma *commodity*. Com a queda da demanda do mercado, focamos nas vendas de rótulos, um novo mercado que exigia muitas viagens e contatos, e aprendi na prática que para cada "sim" que você ganha são necessários muitos "nãos".

**3ª lição – Você é o grande vendedor da sua vida.** O único responsável por todas as vendas que você faz na sua vida é você. Você precisa vender sua ideia, seus princípios, seus objetivos e seus sonhos.

Detalhei bem meus três primeiros empregos para dizer que você pode começar a empreender a partir de hoje, na sua carreira executiva, buscando aprendizados, acumulando experiências, focando em seus sonhos.

Depois destes três primeiros empregos, trabalhei mais três meses na área comercial de uma agência de publicidade, fui sócio de uma empresa de tecnologia da informação com um amigo por um ano e fundei com meu irmão e companheiro de empreendedorismo Victor Bermudes a 2bx ("dois Bermudes multiplicação"). Empresa fundada em 2010, comercializava *websites*, sistemas personalizados e foi o primeiro canal de vendas do *software* Condlink. O objetivo era vender *sites*, sistemas para financiarmos o início das vendas do Condlink. Ao levar o Condlink para o mercado, vimos um grande potencial, então decidimos investir na solução e fundar em janeiro de 2012 a Condlink! Este foi o início do projeto da minha vida, em que permaneço até hoje como o diretor Comercial.

## *CONDLINK* – O QUE É?

Condlink é uma plataforma com aplicativo *mobile* de comunicação e segurança para condomínios.

As pessoas buscam viver em condomínios em troca de segurança, conforto e qualidade de vida. Condomínios são empresas, possuem um faturamento considerável, constante e mensal. São representados legalmente pelo síndico e um conselho para apoiar sua gestão. O síndico pode ser um condômino ou um profissional contratado.

Os condomínios precisam de segurança e uma comunicação organizada, focada nas necessidades do dia a dia, englobando todos os seus envolvidos, e nada melhor que o ambiente *online* do Condlink para isso!

## *CONDLINK* – DESAFIOS

### Início - Comercial

Com a sede da empresa em São Carlos, comecei o meu trabalho como diretor Comercial da Condlink trabalhando em *home office* em São Paulo.

Este foi meu primeiro grande desafio à frente da área comercial da empresa, começando do zero em um mercado novo, no qual possuía baixo conhecimento e nenhum contato.

Outro desafio era atuar comercialmente longe de nossa sede situada em São Carlos, tornando a empresa conhecida, trazendo confiança para os clientes mesmo a distância. São Carlos é onde fica até hoje toda nossa estrutura de *back office* e P&D, cidade privilegiada por sua localização e universidades que formam excelentes profissionais.

Foquei a atuação em grandes empresas, exigentes, competitivas e que buscam inovação, as quais são exemplo para muitas outras de menor porte.

O trabalho contínuo começou a dar resultado, a Condlink começou a realizar grandes parcerias no mercado, se tornando o *software* referência para condomínios.

### Investidores-Anjo

Com o crescimento, precisávamos captar investimentos para que pudéssemos crescer mais e rapidamente.

Estudamos o mercado de investimentos e chegamos à conclusão de que precisávamos de investidores-anjo, que acreditassem na nossa empresa, nos empreendedores à frente do negócio e que poderiam nos auxiliar com organização, contatos, expertise de mercado e capital.

Busquei no mercado investidores de diversos perfis, empreendedores em sua grande maioria, com expertises financeiras, do mercado imobiliário e área comercial. Criamos um Conselho Consultivo que avaliava resultados e orientava o norte que a empresa deveria seguir.

Mesmo com o investimento, o capital era restrito e cada centavo precisava ser estudado e bem aproveitado, além da necessidade de intensificação das vendas.

## EXPANSÃO
## (QUAL O MOTIVO DE CRIAR PLANOS SEM EXPLICAR CADA PLANO)

Para a expansão que planejamos, precisamos reinventar nossa área comercial, dividindo nossa solução em quatro planos (nos baseamos no modelo Sky de planos). Com cores e funcionalidades claras expostas de maneira transparente, estabelecemos os valores de acordo com nossa experiência de mercado, oferecendo planos estruturados para solucionar desde os mais simples problemas de comunicação aos mais sofisticados sistemas de segurança eletrônica para condomínios.

Isso nos possibilitou crescer, expandir para mais de dez Estados, com cerca de 15.000 usuários.

## RELACIONAMENTO ESTRATÉGICO

Em paralelo ao trabalho operacional do dia a dia, mantivemos conversas estratégicas e trocamos experiências com executivos, empreendedores, grandes grupos de empresas.

Ao longo dos anos de vida da Condlink, sempre divulgamos nossas conquistas e desafios para pessoas com quem pudéssemos a qualquer momento fazer novos negócios estratégicos, principalmente focadas nos mercados de tecnologia e segurança.

Após alguns anos de conversas, trocas de experiências e muito trabalho, negociamos a venda de uma participação de nossa empresa em junho de 2015 a um grupo de tecnologia sediado em São Carlos. Com sinergia de operações, avançamos mais um passo em nossa trajetória.

## APRIMORAR

Com a entrada do Grupo e a saída dos investidores-anjo, mantivemos nossa estrutura e quadro de funcionários, reestruturamos toda a metodologia comercial da Condlink e continuamos focados em nosso trabalho.

A cada etapa vivida na empresa, é como se fosse um novo recomeço.

Nesse momento alteramos nossa estrutura comercial para vendas através de revendas, focando em parcerias com empresas que prestam serviços diretamente a condomínios.

Com quatro anos e meio de história, atendemos mais de 250 condomínios e impactamos positivamente a vida de mais de 70.000 usuários ativos.

Mesmo com este resultado, estamos apenas começando. Vivemos desafios de uma *startup*, reduzimos custos constantemente, focamos em inovações, novas tecnologias e um melhor atendimento aos clientes a cada dia. O jogo nunca está ganho, sua empresa precisa estar sempre viva e dinâmica. O empreendedor nunca para!

## CONCLUINDO...

Como você quer que as pessoas falem e pensem quando se referem a você? Sobre seu passado, seu presente e seu futuro? Como você quer ver o seu Ser?

O seu impacto para o mundo é diretamente proporcional ao quanto você se engrandece ao longo da vida. Quando mais educação, ensinamentos, cultura, trabalho, foco, determinação, maior você será. O ponto de partida de todo mundo é no nascimento e o tamanho que ficaremos somos nós que determinamos.

Há pessoas que não precisam nem de uma oportunidade, basta "meia" oportunidade na vida que farão coisas grandiosas. Por outro lado, há pessoas que vivem com inúmeras oportunidades, mas a falta de preparo as deixa cegas, pequenas, negativas.

Você é o empreendedor da sua vida. Se você está estudando, trabalhando, trabalhe como se a empresa fosse sua, seja qual for seu cargo.

Busque mais trabalho, busque responsabilidades. Ninguém aprende sem trabalhar e as pessoas são remuneradas de acordo com as responsabilidades que assumem e o trabalho que desempenham diante delas.

Compartilhei com você um pouco de minha breve história, desafios e ponto de partida. Para o futuro, continuarei minha vida realizando meu impacto para o mundo! E você, qual seu impacto para o mundo?

**JOVENS EMPREENDEDORES**

JOÃO CRISTOFOLINI

# O FRACASSO, E NÃO A ESCOLA, ME ENSINOU O QUE SEI SOBRE EMPREENDEDORISMO

## JOÃO CRISTOFOLINI

Inquieto e perspicaz, começou sua trajetória aos 21 anos, abandonando a faculdade para criar seu primeiro negócio, sem dinheiro. Firmou parceria com os maiores autores e gurus brasileiros das áreas de empreendedorismo, liderança, vendas, *marketing*, educação financeira etc. Já desenvolveu mais de sete negócios, de redes franquias a *startups* de tecnologia, hoje está à frente de empreendimentos nas áreas de educação, tecnologia, saúde e social, é palestrante, autor dos livros "O Que a escola não nos Ensina" e "MBA Empreendedor" e está presente nas principais mídias brasileiras quando o assunto é empreendedorismo, inovação e educação. Seu nome já foi notícia em canais como Band, Globo, Record, Record News, SBT, Folha de SP, Exame, Valor Econômico, CBN e diversos outros. Considerado uma das maiores referências em educação empreendedora, em 2015 recebeu o prêmio Ozires Silva, como destaque por fomentar o empreendedorismo no país.

contato@joaocristofolini.com.br
www.joaocristofolini.com.br
Blumenau/SC

## JOVENS EMPREENDEDORES

> "O fracasso, e não a escola, me ensinou o que sei sobre empreendedorismo."

Desde pequeno ouvi que deveria ser um ótimo aluno na escola, tirar boas notas, conseguir entrar em uma boa universidade e ter um emprego que promovesse estabilidade, de preferência fazer um concurso público ou entrar em uma grande empresa.

Com isso, conseguiria comprar uma casa confortável para morar, ter um bom carro, uma vida tranquila e depois de 30 anos em média contribuindo para o INSS poderia então me aposentar. Quando esse momento finalmente chegasse não precisaria mais trabalhar e poderia fazer aquilo que gostasse, literalmente aproveitar a vida da melhor forma possível.

Essa história lhe parece familiar?

Muito provavelmente, assim como eu, você também já ouviu isso, ou até mesmo acreditou e buscou exatamente isso. Afinal, fomos educados para seguir esse caminho, nosso modelo de educação e cultura forma, prepara, incentiva e valoriza exatamente isso.

Aos 13 anos de idade, já cansado de ouvir esse discurso, comecei a me questionar. Se todos os adultos da época incentivavam esse caminho, seguiam esse caminho, por que muitos deles não estavam felizes e realizados?

Alguma coisa estava errada. Isso me gerou um grande incômodo e fez com que ainda garoto fosse à procura de respostas para essas dúvidas. Começava então a florescer uma de minhas grandes características atuais que é questionar antigos padrões.

Tive a felicidade ou casualidade de ter acesso naquela idade a meu primeiro livro, o clássico "Pai Rico Pai Pobre" (Ed. Elsevier), que me marcaria profundamente. Até hoje não sei como esse livro foi parar dentro da minha casa, alguém o emprestou para minha mãe e ele estava lá.

A partir daquele momento, comecei a me interessar por estudar sobre pessoas de sucesso, empreendedores, líderes e todos que de alguma forma construíram grandes histórias em seu tempo. Queria saber o que essas pessoas tinham em comum, que caminhos seguiram, e claro, se aquele caminho que ouvi desde pequeno era de fato o único, ou melhor, caminho.

Nunca fui o melhor aluno da sala, talvez isso tenha me incentivado nessa busca. Meu instinto competitivo dos esportes, nos quais sempre me destacava, precisava achar respostas para isso.

Foram então centenas e centenas de livros lidos. Quanto mais conhecia sobre o mundo do empreendedorismo, mais encantado ficava. Algumas cenas da mudança de comportamento me marcam até hoje. Ainda com 13 anos fui a pé até a agência bancária mais próxima da minha casa e pedi para falar com o gerente do banco. Comecei a conversar com ele sobre alternativas de investimento e como poderia começar a investir meus trocados. Tornei-me cliente do banco e grande parte do dinheiro que - ou quando - ganhava ia para minha aplicação de renda fixa, que na época era bastante atraente em função da alta taxa de juros.

Para conseguir investir mais dinheiro precisava ganhá-lo de alguma forma, então comecei a ajudar em uma empresa familiar (academia de ginástica) depois da aula.

Com 15 anos já estava gerenciando uma equipe de 15 pessoas e me envolvendo com toda a administração e *marketing* do negócio, o que digo ser meu primeiro MBA de negócios. Estava reinventando todo o negócio, implantei um novo método de treinamento que estava em grande evidência fora do Brasil na época, estações de circuito de 30 minutos. Criei e apresentei um programa de TV na emissora local sobre saúde e qualidade de vida, com o objetivo de alavancar a marca e clientes da empresa, entre várias outras coisas.

Sempre conciliei a leitura de livros com a prática, o que chamo hoje de educação continuada e autodidata. Lia de um a dois livros de negócios por semana, fazia anotações em meu caderno e já aplicava alguma coisa nova.

Comecei a partir daí a investir também em ações e fundos de renda variável, fruto do que aprendia nos livros. Não poderia terceirizar meu futuro financeiro para o governo, precisava assumir o controle disso e buscar alternativas mais eficientes para gerenciar e multiplicar meu dinheiro.

Vamos fazer uma pausa aqui e ressaltar algumas lições importante para você, jovem, que está lendo este livro:

Comece a trabalhar o quanto antes.

Infelizmente uma das várias falhas do modelo de educação atual é acreditar que primeiro você deverá passar por muitos anos totalmente focados no estudo e somente depois começar a colocá-los em prática (trabalhar). Vejo constantemente pais que não querem que seus filhos trabalhem, querem que foquem unicamente nos estudos. Conheço gente que está na faculdade ou até em especializações que nunca trabalhou na vida.

E por que isso é um erro e você não deve cometê-lo? A escola da vida é nossa maior professora, somente na prática podemos de fato compreender o que aprendemos. Há uma grande distância entre teoria e prática, entre mundo acadêmico e profissional, entre conhecimento e sabedoria.

Nossa própria legislação não incentiva que jovens trabalhem, como se trabalhar fosse algo ruim ou a ser evitado.

Quer ser diferente do grande fluxo que segue o caminho tradicional? Comece a trabalhar o quanto antes, em qualquer função ou trabalho, mas comece.

Quando eu comecei, ganhava na época R$ 100,00 por mês. Quantos jovens estariam dispostos a trocar o futebol ou *videogame* por esse valor?

No meu caso, o valor era o que menos importava, estava preocupado em colocar em prática os ensinamentos que aprendia nos livros, gostava disso e sabia que precisava fazer isso para aprender de fato, na prática. E se ainda o pequeno valor que ganhava me permitia fazer meus investimentos era tudo o que queria. Nunca fui de gastar muito ou comprar roupa da moda, esse é um hábito que mantenho até hoje. Gosto de ganhar, não de gastar.

Evidentemente essa escolha teve um preço. Quanto mais eu lia e me envolvia com o dia a dia do negócio, menos interesse tinha pela aula tradicional. Como mesmo assim era obrigado a ir, muitas vezes ficava do lado de fora ou na biblioteca lendo meus livros de negócio e fazendo minhas anotações.

Com isso minhas faltas aumentavam e minhas notas diminuíam a cada mês, até que fui reprovado, o que naquela altura do campeonato já não tinha mais muita importância para mim.

Muitas das dúvidas que tinha e compartilhei com você no início desse texto começavam a ser respondidas.

Estava claro para mim que ser o melhor aluno da sala ou tirar as melhores notas não tinha nenhuma relação com o sucesso. Aliás, a grande maioria dos empreendedores de sucesso não estava entre os melhores alunos.

Conseguir entrar em uma boa universidade também não era o único caminho. Passei meu ensino médio inteiro (três anos) sendo preparado para um vestibular. A formação não era para a vida, era para passar em uma prova, com conteúdo que você não irá utilizar nunca mais em sua vida.

Ter um emprego também não era o que eu queria, estava muito claro que queria empreender, gerar empregos e não procurar empregos. Infelizmente, o único caminho que ensinavam dentro da sala era como conseguir um bom emprego. Mas quem vai gerar emprego para tanto empregado?

Estabilidade? Que estabilidade? As grandes empresas para as quais sempre me incentivaram a trabalhar estão sendo substituídas por novas *startups*, muitas delas já não existem mais ou vão deixar de existir em muito pouco tempo. Trabalhar na Petrobras, que era visto como o auge da estabilidade, nos dias de hoje é um risco enorme, assim como vários outros aparentes trabalhos públicos.

Bom, você já entendeu. Existem diferentes caminhos para diferentes pessoas. Não estou dizendo que um é melhor ou pior do que o outro, apenas querendo mostrar que todos devem ter a oportunidade de conhecer esses caminhos e escolherem o que querem.

Para mim, estava claro que não seria o caminho tradicional.

Voltando para minha história e agora avançando alguns anos.

Acabei concluindo os estudos e entrando em uma faculdade, mas não por muito tempo.

Aos 21 anos de idade comecei de fato meu primeiro negócio formal de sucesso, até lá já tinha inventado e vendido várias outras coisas.

Estava naquele momento dentro de uma corretora de investimentos, queria passar alguns meses lá para entender na prática como funcionava o mercado de ações. Fiquei três meses por lá, na área educacional, organizando cursos e palestras sobre educação financeira e investimentos e cheguei à conclusão de que o que ensinavam não era no que eu acreditava.

Meu instinto empreendedor falou mais alto e resolvi montar a minha própria empresa de educação financeira.

O cenário para isso não era dos melhores, como um cara de 21 anos, que reprovou na escola, abandonou a faculdade, sem dinheiro, sem contatos, iria ensinar alguém? O currículo não era nem um pouco favorável para os padrões tradicionais.

## JOVENS EMPREENDEDORES

Mas tinha o que talvez seja um dos principais ingredientes do empreendedor, muita vontade e uma dose de loucura.

Sabia que não poderia fazer isso sozinho e aqui vai mais uma importante lição de negócio que carrego até hoje em todos os meus projetos. Ninguém constrói um grande negócio sozinho e você também não precisa ser o maior especialista no assunto, desde que tenha com você quem seja.

Era isso que eu precisava para responder a minha pergunta: "Como criar esse negócio sozinho?"

Fui atrás dos maiores especialistas e autores em educação financeira do país e vendi a ideia para eles. Eles seriam os coordenadores dos cursos e ganhariam um percentual sobre o que vendessem. O primeiro deles, considerado o maior especialista do país em educação financeira, foi abordado cinco minutos antes de começar sua palestra em Florianópolis, capital de Santa Catarina.

Primeiro problema resolvido, já não estava mais sozinho. Mas continuava sem dinheiro e precisava ao menos ter uma estrutura física para começar isso.

Mais uma loucura... Estou contando isso para que você entenda definitivamente que um negócio não surge de um dia para o outro e que é recheado de problemas. Em cada problema nasce uma solução e aprendizado.

Para resolver o problema da estrutura tivemos a ideia de procurar outras pessoas que estivessem também começando seu negócio e dispostas a compartilharem o escritório e seus custos, simples! O que hoje é muito comum através de *coworking* e escritório virtual, mas não existia naquela época. Com o defeito de pensar grande, promovemos uma palestra no maior auditório da cidade sobre empreendedorismo e lá apresentaríamos nosso projeto.

Detalhe, nunca tinha dado uma única palestra na vida e reunimos mais de 700 pessoas no local. Conseguimos então juntar mais alguns malucos que aceitaram compartilhar uma estrutura conosco e dividir os custos.

Já tinha os autores, tinha o local, agora faltavam os cursos (nosso produto).

A ideia inicial era que eu produzisse toda a estrutura do curso e apenas enviasse para que o autor/especialista revisasse o conteúdo e desse seu aval. Mais um problema aqui, cada vez que mandava o conteúdo ele voltava com indicações para consultar o livro dele. Depois de idas e vindas e quase desistindo de fazer aquele curso, mais um *insight* que transformaria o negócio.

"Se esse cara me manda toda vez consultar o livro dele, por que não pego esse livro e transformo em curso?" Bingo! Nascia ali o conceito que foi notícia nas principais mídias brasileiras e transformado em uma rede de franquias, como uma empresa que transforma livros de sucesso em cursos. Como grande parte da população brasileira não tem o hábito de leitura, vamos aproveitar esse conteúdo em outro formato.

E esse foi o começo do meu primeiro negócio em um cenário totalmente adverso, muitos outros problemas aconteceram no meio do caminho e naturalmente várias mudanças no negócio. Hoje, esses cursos são todos *online* e de vários outros assuntos relacionados a empreendedorismo.

Mas gosto de contar sobre o processo de construção de um negócio porque muitas vezes vemos apenas o lado bonito. A mídia nos mostra o jovem que construiu uma nova empresa e vendeu por milhões ou bilhões, mas não mostra o processo dessa construção. E esse processo é recheado de problemas e dificuldades. A grande diferença é que muitas pessoas desistem nesses problemas e outras poucas entendem que esse é um processo natural e aprendem com seus erros e fracassos.

"O sucesso inspira, mas só o fracasso ensina."

Mesmo que estudasse muito sobre empreendedorismo, muitas das lições só foram aprendidas na prática, fazendo e errando.

Há um grande mito ainda no Brasil, também oriundo de nosso modelo de educação, de que errar é ruim, de que quem fracassa é um perdedor. E essa é a maior mentira que te contaram. Apesar de que na escola quem menos erra tira melhores notas, na prática, quem mais erra é o que tem mais sucesso.

Aprender a lidar com essa situação e construir a mentalidade e resiliência para passar por esses momentos de dificuldades são um dos maiores desafios de quem quer empreender.

Hoje digo que adoro problemas. Todos os meus negócios nasceram de problemas, ou foram melhorados por causa de problemas que enfrentávamos. Como disse o próprio Steve Jobs em seu famoso discurso de formatura, só conseguimos entender isso olhando para trás.

Empreender é resolver problemas, é acima de tudo um comportamento, não necessariamente abrir uma empresa. Você pode empreender dentro de sua empresa, dentro da política, em um projeto social ou construindo sua própria empresa.

Neste momento, com 25 anos, estou envolvido em negócios da área de educação, tecnologia, saúde e social (todos nasceram de um problema que vivenciei), escrevi dois livros "O que a escola não nos ensina" e "MBA Empreendedor", ambos pela Editora AltaBooks, e ministro palestras pelo Brasil com o objetivo de inspirar e capacitar jovens para serem protagonistas de suas próprias vidas.

No livro "O que a escola não nos ensina", mostro como podemos aprender por diferentes caminhos nos dias de hoje, não apenas dentro de uma sala de aula, o que fiz e continuo fazendo.

Essa é uma pergunta que me fazem com bastante frequência: "Você não pretende voltar a estudar?" ou "Quando você pretende voltar a estudar?"

Como se estudar estivesse relacionado com estar dentro de uma sala de aula. Você aprende conversando com pessoas, no trabalho, errando, lendo livros, assistindo vídeos, com *podcasts, sites* e tantas outras formas nos dias de hoje.

Ao longo desses mais de dez anos em que venho estudando e empreendendo, identifiquei sete habilidades que são indispensáveis para qualquer jovem e que não aprendemos na escola:

- Aprender a utilizar sua mente
- Aprender sobre empreendedorismo
- Aprender a vender
- Aprender a ser um líder
- Aprender sobre *marketing* e sua marca pessoal
- Aprender sobre educação financeira
- Aprender sobre saúde e espiritualidade

Busque todos os dias evoluir um pouco em cada uma dessas habilidades.

Sua mente precisa estar preparada para enfrentar as dificuldades do dia a dia, e isso requer entender como ela funciona e como usá-la da maneira correta.

Seu comportamento empreendedor também precisa ser construído, indiferentemente se pretende abrir um negócio ou não, todos somos empreendedores de nossa própria vida.

Aprender a vender é a base de qualquer pessoa de sucesso, se você não sabe vender e se comunicar pode aprender sobre isso. Assim como entender da importância do *marketing* e sua marca para qualquer trabalho ou negócio que você for desenvolver. Não é o melhor profissional, melhor produto ou negócio que vende, é preciso saber como levar isso para o maior número possível de pessoas.

Além de aprender a ganhar dinheiro, aprender como administrar e manter esse dinheiro é tão importante quanto. Um dos maiores problemas do brasileiro em casa, no relacionamento do casal, em família, ou no negócio, é não saber o básico necessário sobre sua gestão financeira, afinal, não fomos ensinados para isso em casa ou na escola. Será que poupança é o melhor investimento? Será que todo jovem deve comprar uma casa própria quando sai da casa dos pais? Deve trocar o carro? E tantas outras decisões que são feitas quando ainda jovens e que podem ter reflexo direto em seu futuro e sucesso.

Por último, mas não menos importante, não se esquecer do seu maior empreendimento, você. Seu corpo, mente e espírito devem estar em equilíbrio. Se você não estiver bem, seu trabalho ou negócio não estará bem. Se você não consegue cuidar de seu próprio corpo e vida, como pretende cuidar de um negócio?

Deixo essas reflexões para você se questionar a partir de agora.

O Brasil precisa de mais empreendedores, somente o empreendedorismo é capaz de resolver nossos problemas, de gerar empregos, de distribuir renda, de deixar um legado para a sociedade. Abrace um problema e transforme-o em um negócio.

Quando chegar a sua festa de 80 anos, o que você terá para contar a seus netos? Faço essa pergunta todos os dias.

## JOVENS EMPREENDEDORES

Você veio a esse mundo com uma grande missão, com o objetivo de deixar um legado para as próximas gerações e de fazer a diferença no mundo. Aproveite essa oportunidade e não desperdice sua vida vivendo a vida ou o sonho de outras pessoas porque a sociedade ou a escola te impuseram isso.

**Liberte-se, sonhe grande e coloque em prática.**

**Precisamos de você.**

## JOVENS EMPREENDEDORES

### JULIANA CANTANHÊDE

# DE REPENTE...
# EMPREENDEDORA!

## JULIANA CANTANHÊDE

Fundadora e CEO da SVSales. Advogada tributarista, formada em Direito pela Universidade de Ribeirão Preto – Unaerp; pós-graduada em Direito Tributário pelo Instituto Brasileiro de Ensinos Tributários – IBET; especialização em Liderança - Gerenciamento de Pessoas e Relacionamento com o Cliente pela Escola Superior de *Marketing* e Publicidade – ESPM; e filiada do LIDE Futuro, grupo de jovens empreendedores formados pelo empresário João Dória Junior.

juliana.cantanhede@svsales.com.br
www.svsales.com.br
São Paulo/SP

Eu aprendi o que era empreendedorismo depois que eu já era empreendedora há algum tempo. Nunca foi minha intenção. Diferente de muita gente, não planejei. Aconteceu naturalmente.

Iniciei as minhas atividades profissionais numa tímida e curta carreira jurídica. Advoguei por pouco tempo.

As dificuldades financeiras da minha família – PARA MINHA SORTE – me trouxeram outras oportunidades que me permitiram ir bem além do que um dia imaginava conquistar.

Sou um caso típico de jovens que tiveram que se adaptar mediante os desarranjos da vida. Utilizando uma expressão bem conhecida nas redes sociais: "Quem nunca?"

Espero contribuir com a minha história para todos aqueles, independente da idade, que estão passando por situações nas quais se reinventar não é uma opção, e sim uma necessidade, mas que te levam a explorar caminhos nunca antes pensados.

## DO LIMÃO, UMA LIMONADA

Minha vida profissional começou um pouco mais tarde do que a maioria, somente aos 23 anos.

Durante a faculdade de Direito, fiz um curto estágio no Ministério Público para cumprir a grade de atividades curriculares impostas pelo curso. Mas nunca havia trabalhado de fato.

Achava que por ser uma excelente aluna, com altas notas... "Quem não ia querer me contratar?" Primeiro aprendizado e o mais dolorido que tive.

Vim de Ribeirão Preto, interior de São Paulo, para a Capital, bem pretensiosa. Meu índice de autoconfiança era muito forte.

Depois de quatro meses participando de processos seletivos e não sendo contratada, entendi que estudos sem se somar a experiência não tinham valor.

Quando consegui emprego, mesmo já sendo advogada, ocupava cargo de estagiária. Sem experiência alguma, não teria como ser diferente. E ganhava menos que um salário mínimo. Para falar bem a verdade, paguei para trabalhar para começar a minha vida profissional.

Até que as condições financeiras da minha família ficaram muito difíceis.

Sem dinheiro, precisei tomar decisões, pois o que eu ganhava não dava nem para me sustentar, quanto mais ajudar a família.

Por uma opção de filosofia de vida, algo que me norteia desde sempre, tenho convicção de que quanto mais rápido você supera uma situação difícil, não gastando o seu tempo focando nos problemas, as soluções vêm quase de imediato. E aceitar a dificuldade ou algo difícil que aconteceu é o primeiro passo para a superação. E, assim, até o universo conspira a favor.

Tenho exemplos próximos de pessoas incríveis que se perderam quando tiveram uma grande queda. E é neste momento que você tem de mostrar a sua força, o que vai te diferenciar como vencedor ou derrotado.

E, assim, fui para o mercado buscar algo que me oferecia maior receita financeira.

## PRIMEIRA EXPERIÊNCIA: EMPREENDENDO COMO FUNCIONÁRIA

Quando desisti da carreira jurídica, iniciei minhas atividades na área comercial.

Lembro-me até hoje da minha entrevista. Eles precisavam de alguém de confiança, afinal, a empresa tinha passado por um grave problema relacionado a isso. E, como eu havia sido indicada por um dos sócios, seria mais fácil entrar.

Na entrevista, pouca coisa me foi perguntado, até porque não tinha experiência nessa área, era mais para seguir protocolo. Ao final, me falaram que depois de um ano eu poderia ganhar uma quantia X por mês, o que no segundo mês em que eu estava trabalhando nesta empresa já era a quantia que eu ganhava.

Atuando na área comercial, eu tinha um valor fixo de salário e mais comissionamento de acordo com os meus resultados. Estava aberta a minha primeira empresa: Juliana Inc.

Eu era a primeira a chegar ao trabalho. Sempre motivada com a ideia de que faria a minha "empresa" crescer, que só dependia de mim.

Na primeira semana, prestava atenção nos meus colegas de trabalho e liguei para todos os concorrentes, me fazendo de cliente para entender como eles vendiam. Afinal, precisava entender como eles faziam para ver no que eu poderia me diferenciar para vender.

## JOVENS EMPREENDEDORES

Contudo, a empresa não tinha um serviço recorrente, em alguns meses eu ganhava um valor alto e no outro poderia despencar pela metade. Para uma jovem que queria investir na sua vida não era muito confortável. Afinal, não me sentia segura de comprometer minha renda, sendo que no mês seguinte a receita poderia ser menor.

Foi então que descobri que na empresa havia uma ferramenta em teste, sem muito conceito e direcionamento para o mercado, e por isso sem comercialização até aquele momento.

Comecei a desenvolver essa ferramenta da forma mais simples possível e até hoje aplico nos meus negócios no momento de desenvolvimento de qualquer solução: SABER O FOCO DO CLIENTE.

O cliente, além de comprador, pode se tornar o consultor mais eficiente da sua solução, já que é ele o usuário final. E, ao contrário do que muitos acham, vender é mais ouvir do que falar.

E foi assim que comecei a me dedicar a essa ferramenta, que foi o meu "pulo do gato" na minha vida profissional e pessoal, e também da empresa em que eu trabalhava.

A ferramenta tornou-se a mais utilizada no mercado de cobrança, acima de grandes *players* que contavam com uma estrutura 20 vezes maior que a nossa, simplesmente porque ela foi criada para atender as necessidades de que os clientes nos falavam. Eu me lembro muitas vezes de pegar meu caderno, sentar-me ao lado de quem exerce o cargo mais baixo da empresa até de quem estava no mais alto e anotar tudo que eles queriam, observando como eles faziam seus trabalhos.

O resultado do meu primeiro intraempreendimento foi uma ascensão rápida da minha carreira. Num ano eu já era conhecida em todo o mercado financeiro, público-alvo da solução que liderei no desenvolvimento, sobretudo no segmento de cobrança, bem como para os sócios da empresa, que foi vendida por quase 100 milhões de reais para um grupo internacional.

Aos 28 anos, fui convidada para assumir uma Diretoria, com um time de dez gerentes comerciais que tinham no mínimo o dobro de tempo de casa em relação à minha experiência profissional.

Eu queria tanto esta oportunidade, e como ainda não havia vivenciado uma liderança deste tamanho, fui atrás de ajuda de grandes profissionais no mercado para serem meus *coaches*, já que através das experiências deles eu poderia acelerar meu processo de conhecimento e me desenvolver de forma mais sólida como líder.

E, com esta ajuda externa, consegui contar com o apoio de grande parte do time para os novos direcionamentos propostos que, mais uma vez, eram focados no que o mercado esperava das nossas soluções e como eles atuavam no dia a dia, indo vivenciar suas rotinas na própria estrutura deles, para não nos posicionarmos diante do público-alvo como "mais do mesmo".

Novos resultados acontecendo, e então comecei a perceber que o que eu gostava de fazer tinha um nome, até porque nesta altura já se falava mais na palavra empreendedorismo. E então já não era mais vontade, era objetivo de assumir um novo desafio: VAMOS JUNTOS!

## ASSUMINDO NOVO DESAFIO "VAMOS JUNTOS"

Nesta nova fase, comecei a desenvolver minha empresa e assumir riscos ainda maiores, aliás, empreender é para quem gosta de desafios, então, se você não tem coragem de abrir mão de 13º salário ou férias, faça um favor a si mesmo: NÃO EMPREENDA!

A minha proposta para o mercado de *startups* era suprir a deficiência comercial que excelentes e novas soluções podem ter, introduzindo-as estrategicamente de maneira mais eficiente no mercado-alvo para acelerar todo o processo de vendas. Afinal, era o que tinha vivido nos últimos cinco anos.

Você só tem uma grande ideia se o mercado te falar que você tem. Ainda que seu ego fique abalado, esta é a mais pura verdade. Portanto, se a solução não está avançando pode ser que o motivo seja que o mercado não a entendeu e você não entendeu o que e como o mercado precisa da sua solução, e ainda, na pior das situações, se a sua solução é de fato necessária.

Antes de você apresentar a sua ideia, o mercado já funciona sem ela. E por isso o seu estudo deve ser direcionado a entender este funcionamento, trabalhar nos *gaps*, nos índices de produtividade, *performance*, rentabilidade, entre outros.

Enquanto ajudar *startups* a alavancar seus negócios no menor tempo possível era um dos objetivos da SVSales, minha empresa, por outro lado, também tem o propósito de trazer ao mercado aquilo que eles querem e precisam como solução.

Para estes, eu precisava trazer soluções que não seriam *comodities*, ou seja, o único diferencial é o custo mais baixo. Seguir a linha de que a inovação poderia se dar desde o atendimento até a implantação, e por conseguinte o uso. Em toda a fase do processo a experiência teria de ser positiva.

Aliás, algo que sempre me chamou a atenção é que, independentemente de a sua solução ser voltada para empresas, quem decide são pessoas, e para vender para estas empresas você tem de saber quem são essas pessoas, o que desejam e como decidem. Substituo inclusive a denominação do que chamamos de Ciclo de Vendas por Ciclo de Compras, afinal, é o comprador que define e não o vendedor.

E com esta visão comecei a buscar no mercado *startups* para desenvolver e assim iniciar a nova fase do "VAMOS JUNTOS", já que todo negócio de que eu participo do desenvolvimento é sempre no risco, ou seja, só recebo no resultado. 100% parceria.

E, então, lembrei-me de uma ex-cliente que certa vez num almoço comentou sobre uma ideia que tinha que visava rentabilizar operacionalmente o mercado de cobrança com inteligência analítica.

Quando abordei a ex-cliente, a maior preocupação dela era sair do mercado de trabalho sem ter reserva financeira. Por este motivo, comecei a prospecção antes mesmo de iniciar a parceria e assim conquistei o primeiro cliente que traria receita maior do que ganhava como salário.

Já nos primeiros meses faturando e em menos de um ano chegando à receita líquida de quase 1 milhão de reais, validei as experiências anteriores, afinal, tinha um leve receio de que poderia ter dado sorte nas oportunidades passadas, e então eu poderia ir buscar novas soluções para desenvolver comercialmente e estrategicamente.

Contribuir para o desenvolvimento de um novo negócio, superar expectativas, inovar desde o atendimento até a própria solução, focar na diferenciação são as principais motivações para que a SVSales exista e eu persista nos meus objetivos. E, por isso, colhemos resultados, consequência de um bom trabalho.

## SE CONSELHO FOSSE BOM, EU ESCREVERIA NUM LIVRO

Eu costumo valorizar provérbios, ditados milenares, pois acredito que por algum propósito vieram. É praticamente uma equação matemática em palavras.

Por este motivo, compartilho frases que me ajudam e quem sabe podem te ajudar:

**"Até o melhor negócio, se for com a pior pessoa, não será um bom negócio."**

Antes de competência, habilidades, priorize caráter. Pois sem este a pessoa competente e habilidosa pode ser uma forte arma destrutiva na sua vida.

**"Seja antes de tudo um vendedor."**

Para empreender tem de saber vender, para que sua empresa não entre nas tristes estatísticas de duração de vida de um novo negócio no Brasil. Se você não tem esta habilidade, busque alguém que possa te ajudar com este perfil.

**"Perca dinheiro, mas não perca tempo."**

Até porque dinheiro você pode recuperar, tempo perdido jamais.

**"Rodeie-se de pessoas experientes."**

Empreender é solitário, por isso busque ter pessoas ao seu redor que agreguem. Não se isole no seu mundo. Apesar de vivermos uma época na qual a *web* te ajuda, nada substitui a convivência com outras pessoas, sobretudo se já tiverem passado pelo que passou.

**"Crie mantras."**

Inicie seus dias com uma afirmação positiva sobre os resultados que pretende atingir para então atrair. Einstein já dizia: "Tudo é energia e isso é tudo o que há. Sintonize a frequência que você deseja e, inevitavelmente, essa é a realidade que você terá. Não tem como ser diferente. Isso não é filosofia. É Física."

## PRÓXIMO PASSO: A MATERNIDADE E O EMPREENDEDORISMO

A maternidade veio como um presente na minha vida. Costumo dizer que veio para me fazer uma pessoa melhor, pois ela me trouxe a necessidade de renúncias e assim ser mais altruísta: ao invés de noites de sono profundo, existem os choros da madrugada; ao invés de tempo livre, você aprende a livre demanda, amamentar quando o seu bebê quiser mamar... Enfim, algo novo que você não controla, inclusive não controla o quanto ama. É absurdo como a todo momento você vai pensar nele, e a saudade acontece em frações de segundos.

Mas algo é certo, por mais que você queira planejar como vão ser os seus dias, a vida se impõe de forma categórica e afirmativa. E esta é a real beleza da maternidade, sem filtros e sem romances. Aliás, bem longe das propagandas de margarinas ou de fraldas.

Eu organizei todo o fluxo da empresa para que no último mês de gestação eu ficasse tranquila para o meu filho nascer. Porém, como queria muito o parto normal, acabou que o último mês foi longo, quase 50 dias, e no final tive de fazer uma cesárea.

Depois me preparei para a amamentação. Algo que para mim era inerente da maternidade. Toda e qualquer mulher conseguiria. Mas não aconteceu de forma natural para mim. Tentei ao extremo, resultando numa drenagem cirúrgica, pois acabei pegando uma infecção, e hoje não posso amamentar por orientações médicas.

Carrego desta forma duas cicatrizes do que seriam processos naturais e comigo não foram assim: o do nascimento e da amamentação.

Como tudo saiu fora do planejado, contei com os principais pilares de uma empresa de sucesso: relacionamento com clientes e excelentes parceiros de negócios.

O comprometimento com a empresa quando se estende às pessoas que trabalham contigo é o casamento perfeito. É motivador. E o melhor, você tende a focar mais no que importa, já que seu tempo com filho recém-nascido é reduzido e com isso você se torna ainda mais produtiva.

Muitas mulheres desistem ou arrastam a maternidade para não prejudicar a carreira, colocando os objetivos profissionais em primeiro plano. Nada contra. A mulher hoje pode ter filhos mais tarde ou até mesmo optar por não ter. Somente quero dizer que não há que se falar em prejuízos. Acredite, você será alguém melhor. Afinal, quem consegue se dedicar a uma criança no seu desenvolvimento, 24 horas por dia, sem remuneração, renunciando o seu tempo em prol de outra vida tem todas as características para tornar-se uma empreendedora ainda mais capacitada ou uma profissional que toda empresa lutaria para ter.

Desafios continuam, a diferença hoje é que a minha força tem nome: JOÃO PEDRO. E esta é minha maior qualidade atualmente.

# JOVENS EMPREENDEDORES
## JULIANA D'AGOSTINI

# EMPREENDENDO COM MÚSICA

13

## JULIANA D'AGOSTINI

Tem sido reconhecida como uma das mais importantes pianistas brasileiras da atualidade. Em 2012 lançou o CD "Juliana D'Agostini + Emmanuele Baldini" com o *spalla* da Osesp (Orquestra Sinfônica do Estado de São Paulo), alcançando grande sucesso de público e crítica. Em 2011, o CD "Juliana D'Agostini + Catalin Rotaru", com Catalin Rotaru, considerado um dos melhores contrabaixistas do mundo, foi finalista do 7° Prêmio Bravo de Cultura, categoria melhor CD Erudito. Em 2010, lançou seu primeiro CD, "Chopin | Liszt", álbum que foi recebido pela crítica como um exemplo de "técnica e sensibilidade" (revista *Veja*). Em 2014 Juliana ganhou o Prêmio Jovem Brasileiro (a maior premiação jovem do Brasil) na categoria Música Internacional, foi agraciada com a Comenda Dom Pedro I e nomeada membro da Confederação Brasileira de Letras e Artes. Acumula também importantes prêmios em sua carreira como a posição de semifinalista no Seattle International Piano Competition 2010, XIX Concurso de Piano Artlivre – 1° lugar (2006), XIV Concurso de Piano Arnaldo Estrella – 1° lugar (2006) e IV Concurso Jovens Solistas OSBA – 1° lugar (2005).

É graduada em Piano pela Universidade de São Paulo (USP), sob a tutela de Eduardo Monteiro e fez especializações na França (Académies Internationales d'Été du Grand Nancy e Strasbourg National Conservatoire), e nos EUA, sob a orientação de Wha Kyung Byun, em Boston, de Caio Pagano, no Arizona, e de Max Barros em Nova York. Em 2015 assinou contrato com a multinacional Roland, após finalizar seu contrato de 2013 com a marca YAMAHA.

www.julianadagostini.com.br
São Paulo/SP

**JOVENS EMPREENDEDORES**

Aos cinco anos de idade, eu estava na casa de minha avó quando ouvi a famosa música que indica a chegada do caminhão de gás. Por diversas cidades brasileiras, muitos de nós conhecem esta belíssima composição apenas dessa forma. Porém, na verdade, trata-se de uma obra-prima de Beethoven chamada "Für Elise" (ou "Pour Elise" ou até mesmo "Por Elisa").

Ao ouvir esta bela música, minha reação foi ir até o piano e começar a tocar as mesmas notas, reproduzindo com exatidão a melodia vinda da rua. Além da aptidão musical, esse marco inicial revelou uma característica minha chamada "ouvido absoluto".

Ter ouvido absoluto, algo que se manifesta em apenas 0,07% da população mundial, refere-se à capacidade de se ouvir um som gerado por instrumentos musicais ou qualquer outra fonte, e ter habilidade de identificar instantaneamente qual é a nota. Seja o toque de embarque no aeroporto, um copo brindando ou mesmo um aparelho de ar condicionado em funcionamento.

A partir deste acontecimento, eu contei com o apoio incondicional de minha família para progredir e me especializar em minha carreira como pianista.

Formada em piano pela Universidade de São Paulo (USP), sob a tutela de Eduardo Monteiro, e graças ao meu talento, fiz especializações na França e nos Estados Unidos da América, passando por Boston, Arizona e Nova York.

Eu também pesquisei a fundo a história e as obras de meus ídolos eruditos e faço palestras a respeito deles. Em minhas palestras posso demonstrar minha verdadeira veia artística e erudita, e ainda minha paixão genuína e contagiante. Associada à FAPESP (Fundação de Amparo à Pesquisa do Estado de São Paulo), já trabalhei em sonatas de Ludwig Van Beethoven e nos manuscritos do compositor brasileiro Henrique Oswald.

O marco de estreia da minha carreira em orquestras ocorreu quando eu tinha apenas 12 anos, e foi sob a regência do maestro Julio Medaglia. Além desse case extremamente importante, no decorrer de minha carreira artística realizei diversos outros de destaque:

• Apresentei-me durante o evento TED Global;

• Toquei na Sala Cecília Meirelles, no Rio de Janeiro, Brasil;

- Apresentei-me em Smetana Hall, na cidade de Praga, República Tcheca;
- Abri o Salzart, na cidade de Salzburg, onde Mozart nasceu, na Áustria;
- Toquei na Sala São Paulo, Brasil, quando tinha apenas 17 anos;
- Toquei com a Orquestra da Bielorrússia, país do Leste Europeu, ocasião em que tive minha performance ao piano transmitida ao vivo para mais de 90 estações de rádio da Europa e da Ásia;
- Gravei um disco com o spalla da Osesp (Orquestra Sinfônica do Estado de São Paulo), Emmanuele Baldini;
- Apresentei-me no Carnegie Hall, na cidade de Nova York, Estados Unidos. Este evento considero como um dos principais da minha carreira, o qual ocorreu recentemente, aos meus 28 anos.

Além desses eventos tão importantes em minha carreira, também me orgulho de fazer solo com diversas orquestras de renome como a Orquestra de Câmara do Cazaquistão, Orquestra Sinfônica de Sergipe, Orquestra Sinfônica da Paraíba, Filarmônica do SESI, Orquestra Sinfônica da Bahia, Orquestra Sinfônica de Heliópolis, Orchestra Femminile Italiana, Curitiba Sinfônica, Bachiana Filarmônica, USP Filarmônica, Filarmônica Vera Cruz, Ocam (Orquestra de Câmara da ECA/USP).

Ao longo de minha carreira, tive a honra de ganhar inúmeros prêmios nacionais e internacionais. Dentre essas premiações, gostaria de destacar:
- IV OSBA Young Soloist Competition – 1º lugar (2005);
- XIV Arnaldo Estrella National Piano Competition – 1º lugar (2006);
- XIX Artlivre Piano Competition – 1º lugar (2006);
- Seattle International Piano Competition – Collegiate Semi-Finalists (2010);
- Finalista do 7º Prêmio Bravo de Cultura, na categoria de Melhor CD Erudito, Prêmio Jovem Brasileiro (2011).

Com tantos prêmios e *cases* de sucesso, consolidei minha carreira através de uma agenda artística diária intensa de estudos – algo entre sete e nove horas, somada às apresentações ao vivo e gravações. Em paralelo, eu ainda mantenho o que considero fundamental: uma agenda de negócios e um fórum para gestão de todos os assuntos extramusicais (promoção, direitos, patrocínios, entre outros temas relacionados).

Além de minhas diversas atividades, ainda encontro espaço na agenda para dar andamento a um projeto com artistas de outros estilos musicais, o que me aproximou do mundo *pop*. Atualmente, trabalho na concepção de meu novo álbum e do *show* neste estilo.

Meu novo projeto musical se chama Crossover. Nele, crio uma ponte artística entre a Música Clássica, ou Música para Concerto, e a Música Popular, na qual se encaixam estilos como a música eletrônica, o *rock*, o *blues*, a MPB, o *hip hop*.

Esse movimento da música popular está presente em algumas passagens da minha carreira. Há vários outros fatos importantes e marcantes, feitos e realizações no decorrer de minha vida como profissional musicista, e até mesmo trabalhos fora do ramo musical que realizei em prol da música, e que gostaria de ressaltar aqui:

Atuei como modelo, fotografei em campanhas publicitárias e desfilei em semanas de moda, inclusive no exterior. Essa atuação como modelo também serviu para meus princípios artísticos. Eu usava o dinheiro que ganhava como modelo para financiar meus estudos musicais fora do País. Fiz especializações na França e em diversas cidades dos Estados Unidos.

Repleto de minha técnica e, principalmente, de minha sensibilidade na execução dos clássicos no piano, meu primeiro CD foi lançado em 2010 com o título "Chopin/Liszt", no qual interpreto peças de ambos os compositores.

No ano seguinte, em 2011, criei meu segundo trabalho em parceria com o contrabaixista Catalin Rotaru, famoso musicista romeno, com o qual interpreto peças variadas, desde Villa-Lobos até Franz Schubert. Este segundo álbum é intitulado "Juliana D'Agostini + Catalin Rotaru".

Meu terceiro trabalho foi lançado em 2013. O novo álbum foi desenvolvido em parceria com Emmanuele Baldini, o *spalla* da Osesp.

Ainda em 2013 e em conjunto com o meu projeto pop, fiz uma parceria com o rapper Projota. Com esta parceria, lancei o videoclipe da música "Preste Atenção" em prol do projeto Tribos, o qual foi idealizado por Hudson Souza, também pianista.

Outro astro pop juntou-se a mim neste ano de 2016, o *funkeiro* Mc Garden. A inusitada parceria resultou em uma produção musical que une o piano ao *funk*, com um *mix* da batida e das rimas *funkeiras* para tratar de um assunto que considero sério e importante: a questão das drogas.

Recentemente, acumulei mais um lindo papel em minha vida: o de ser mãe. Meu filho e de meu marido, João Marcelo Bôscolli, se chama André, e trouxe uma nova perspectiva não apenas para minha vida, mas também para minha carreira. Com a chegada do meu filho tudo melhorou. A música e a vida ganharam novos significados, novas perspectivas, novos caminhos.

Ao conhecerem minha trajetória artística, muitas pessoas me consideram como símbolo de sucesso. Porém, na minha opinião, definir sucesso é algo muito subjetivo e pessoal. Para mim, poder dedicar a vida ao piano e à música é algo que me faz sentir-me bem-sucedida. Portanto, o significado de sucesso está totalmente relacionado ao amor que se tem em se fazer o que se faz. E afirmo a você, leitor, que amar seu ofício é fundamental. Isso é sucesso!

**JOVENS EMPREENDEDORES**

MARCELO BERNARDES

# OS PEQUENOS APRENDIZADOS QUE ME TROUXERAM ATÉ AQUI

## MARCELO BERNARDES

Publicitário com oito anos de experiência no mercado de propaganda; fundou a Purple Cow (agência digital) depois de passar um bom período em grandes agências de publicidade brasileiras, como FCB e JWT, entre outras. Fundou a Purple Cow sem investimento e a empresa cresceu apenas com o esforço do trabalho dele, seus sócios e sua equipe. Hoje com cinco anos de estrada, superaram o faturamento anual de 7 milhões de reais e cuidam da comunicação digital de grandes anunciantes como Campari, Even, Lojas Marisa, Sagatiba, Skyy Vodka e Samsung.

(11) 3995-5720
marcelo@purplecow.com.br
www.purplecow.com.br
São Paulo/SP

## JOVENS EMPREENDEDORES

Sou um dos fundadores da agência Purple Cow e a história da empresa passa por aprendizados muito importantes que considero úteis para todo empreendedor, independentemente do segmento.

Trabalho no mercado de comunicação, dominado por grandes agências multinacionais com clientes grandes que buscam um parceiro que resolva o problema deles e que também tenha um nome de mercado. Tamanho e fama: desafios importantes para uma nova empresa como a minha, liderada por dois sócios que, até então, tinham 23 anos de idade, dos quais apenas três trabalhando em grandes agências.

Vou contar a minha história, ressaltando os pontos-chave que considero nos terem trazido até aqui.

## FOCO

Como na maioria dos empresários, a vontade de empreender sempre foi algo vivo dentro de mim. Alguns anos antes de iniciar a Purple Cow, havia proposto a alguns grandes amigos na faculdade abrir o que seria a minha primeira agência. O momento não era propício para muitos deles, que estavam dando os primeiros passos dentro de grandes corporações e preferiram tocar o nosso projeto em paralelo às outras atividades. Eu respeitava a decisão deles, mas para mim estava claro que dividir o tempo entre empregos não poderia ser o caminho. Seis pessoas, trabalhando dez horas por semana, jamais poderiam ser competitivas com grandes estruturas que contavam com mais de 300 funcionários em tempo integral. Daí veio a primeira decisão importante: focar. Se a carreira executiva fala mais alto (e não tem problema nenhum nisso, afinal, existem empresas maravilhosas por aí), deveríamos escolher, mesmo que isso significasse abrir mão. Decidir nunca é fácil e manter o foco é desafiador porque o caminho é cheio de tentações que te tiram do rumo (disso, eu falo mais pra frente).

## A MOTIVAÇÃO CORRETA

Três anos se passaram e a vontade de empreender voltou. Não porque eu estava infeliz no trabalho, mas sim porque acreditava fortemente que poderia fazer mais. Um pouco de ansiedade, talvez, mas sentia que conseguiria criar uma empresa que resolvesse vários problemas que as atuais agências não poderiam por estarem acostumadas com um modelo tradicional de operar. Esse talvez tenha sido um ponto-chave: o motivo que te leva a empreender. Ouço muita gente me procurar e dizer "quero abrir meu negócio, estou infeliz e trabalhar pra mim deve ser muito melhor". Sou um tipo de conselheiro impaciente nessa hora. Acho esse discurso ruim. O motivo para abrir um negócio nunca pode ser impulsionado por uma insatisfação pessoal. Eu amava trabalhar nas agências em que passei e, por amar o que fazia, resolvi fazer eu mesmo. Se eu abrisse uma agência porque estava infeliz, tenho certeza de que não seria uma boa agência.

## O SÓCIO CORRETO

Retomei o sonho com um dos meus companheiros. Buscar o sócio certo é bastante difícil. Muitas vezes você não tem certeza até pular de cabeça. Já que seríamos apenas dois, era essencial que fôssemos parecidos e diferentes ao mesmo tempo. Parecidos na ambição, parecidos no sonho, mas diferentes nas habilidades. Quem nos conhece (eu e o Cassio) logo percebe a estratégia. Um de cabelo comprido, outro de cabelo curto. Um focado em resolver, o outro focado em sonhar. Um racional, o outro emocional. E assim têm sido os nossos últimos cinco anos. Sempre que um se perde, o outro puxa de volta. Mas é claro que não foi sempre assim. Mesmo diferentes, nos primeiros dias de empresa fazíamos tudo juntos. Planejávamos, criávamos, visitávamos os clientes. Certa vez, estávamos conversando sobre trabalho, o Cassio se levantou para ir ao banheiro e eu, sem parar de falar, fui atrás. Quando vi estava dentro do banheiro. Foi nesse momento que percebemos que precisávamos nos empoderar, separar as responsabilidades e tirar o melhor de cada um.

## BUSINESS PLAN?

Tínhamos aberto a Purple Cow. Uma agência que já nasceu digital, com a cultura e estratégia de negócio redondas, certo? Errado. É engraçado como você tem uma falsa ideia do que é abrir uma empresa até efetivamente o fazer. Nós passamos algum tempo desenhando processos, pensando em estratégias de atuação, definindo quem seríamos, até nos darmos conta de que isso não era o mais importante (ao menos para o nosso mercado) e que mais valioso que isso era realmente tirar a bunda da cadeira e fazer. O próprio mercado nos encaixou no que éramos melhores.

Já fomos uma "agência integrada" (ou achávamos que éramos), já fomos uma produtora de *Social Media* e hoje estamos digitais. Digo estamos porque para o mercado de hoje faz sentido, mas o nosso *core* é o mesmo de toda agência: resolver problemas. Amanhã o mundo pode ter mudado (e de fato vai). Precisamos estar aptos para nos transformar. Principalmente em propaganda. No início, testar, enxergar rapidamente se funcionou e ter agilidade na mudança de rumo é mais eficaz do que escrever o *business plan*. Foi assim pra gente. Hoje, depois de cinco anos, sinto pela primeira vez a necessidade dele. Mas agora já temos experiência e vivência para isso. Sabemos melhor (será?) o que o mercado busca e somos mais eficazes no ato de planejar. É muito claro pra gente que, se tivéssemos 1 milhão em 2011, teríamos rasgado o dinheiro.

## UM PASSO DE CADA VEZ

Não tínhamos 1 milhão para investir. Aliás, não tínhamos nada além de poucos amigos que nos deram uma força com algumas coisas básicas (como uma mesa e *internet*). Hoje somos um time de 50 profissionais com um faturamento que supera os oito dígitos em milhões e atendemos tradicionais anunciantes do mercado como Gruppo Campari, Even, Samsung e Lojas Marisa. Cada tijolo construído com trabalho. Cada vitória vinda de trabalho. Muito trabalho. Não é errado receber aporte para começar seu negócio. Tem mercados que possuem barreiras de entrada maiores que a nossa e não conseguem crescer de outra forma. Mas esse crescimento aos poucos foi extremamente importante para o nosso amadurecimento. Crescemos junto com a empresa e hoje temos condições para investir melhor tempo e dinheiro.

## CABELOS BRANCOS. SE NÃO TEM, ASSUMA!

50 anos em 5. Esse era o tamanho da nossa ambição. Para competir com as gigantes do nosso setor sabíamos que precisávamos trabalhar. E trabalhar muito. Notamos que, por mais básico que parecesse, esse se tornara um de nossos maiores diferenciais. Nunca desistir (de verdade, não apenas no discurso) e não deixar que o dia a dia tire o brilho dos nossos olhos nas maiores dificuldades fez da gente um parceiro importante para as empresas que atendemos. A única certeza que tínhamos era de que não

sabíamos de muita coisa e precisávamos aprender. Essa humildade nos fez nos cercarmos de conselheiros experientes. Pessoas que já tinham vivido muito mais do que a gente e, portanto, nos ajudariam a prevenir erros básicos. Conversar bastante, ouvir bastante e absorver bastante. Isso nos fez crescer e amadurecer.

## SER A FREIRA NO PUTEIRO

Forte, né? Sim... Mas temos orgulho dessa postura e queria chamar a sua atenção para esse tópico. O budismo diz que não existe sorte, existe mérito. E a conversa é bem por aí. O nosso mercado não é dos mais certinhos. Marketeiro nunca foi sinônimo de coisa boa e onde há fumaça, há fogo. Por diversas vezes somos testados. Um atalho para conquistar coisas mais rápidas, uma oportunidade de esconder um número do cliente, uma abertura para derrubar um concorrente. A Purple trabalha olhando para si mesma, não para os outros. Focamos no que podemos controlar e isso nos dá a tranquilidade de seguir sabendo que o mundo pode estar caindo no mercado, mas, como não somos amarrados com nada, estamos sempre tranquilos. Fazer o bem, da forma certa, é o que sempre nos garantiu vitórias. O mercado te devolve clientes, projetos, credibilidade. Não é sorte, é mérito.

## COMEMORAÇÃO

Mas é difícil, em meio ao dia a dia corrido, parar e perceber o quanto você cresceu. Se você sonha grande, sempre parece que está no comecinho. De fato estamos, perto de onde queremos chegar, mas temos alguma estrada já caminhada. Parar e comemorar não pode ser secundário. Faz você ter orgulho e mais força para continuar. Fazer parte deste livro também é uma vitória. A qual preciso comemorar.

**JOVENS EMPREENDEDORES**

**MARCELO MIRANDA**

# TIRE A BUNDA DA CADEIRA E INOVE

## MARCELO MIRANDA

É o CEO da Precon Engenharia, líder regional no mercado de pré-fabricados de concreto e referência na incorporação imobiliária industrializada e sustentável. É engenheiro Civil pela UFMG, com MBA em Stanford e cursos de especialização em Harvard, Columbia e Singularity. Atuou em cargos de alta direção em grandes empresas do setor da construção civil, com foco no desenvolvimento de inovações e soluções industrializadas e sustentáveis. Foi eleito CEO do Futuro pela revista *Você S/A* em 2007, fez parte da lista dos 10 CEOs de destaque do Brasil com menos de 40 anos pela revista *Forbes* em 2015 e foi eleito Executivo do Ano pela revista *Encontro* em 2015. Escreve o *blog* marcelomiranda.blog.br

(31) 3014-3913
contato@marcelomiranda.blog.br
www.marcelomiranda.blog.br
Nova Lima/MG

## JOVENS EMPREENDEDORES

Eu não trabalho no Google nem em nenhuma empresa *high tech*. Mas a inovação transformou a minha vida e a da empresa onde trabalho nos últimos cinco anos. Queria contar pra você um pouquinho sobre essa história.

Vamos dar um passo atrás. Sempre fui um jovem muito inquieto, gosto de fazer mil coisas ao mesmo tempo. Já na minha adolescência, o dia parecia ter 240 horas. Conciliava estudo, esporte, trabalho e lazer. Ou misturava tudo. Mas sempre querendo inventar mais coisa pra fazer. Sou mineiro, e naquela época minha família mudou-se para Recife. Eu estudava no colégio e, apesar de nunca ter tempo pra estudar em casa, sempre tirei boas notas. Fiz vestibular no 2º ano do Ensino Médio como teste e acabei passando em 2º lugar. O esporte, por incentivo dos meus pais, foi muito presente em minha vida: treinava vôlei todos os dias, pelo time do colégio e pela seleção de Pernambuco, e jogava vôlei de praia aos finais de semana. Ah, e sempre pegava onda (mineiro morando na praia!). Comecei a trabalhar informalmente com 14 anos. Inventava mil coisas para começar a ganhar um dinheirinho. No início, dava aulas particulares de informática e ainda fazia programação de computadores (naquela época, em linguagem Pascal); além disso, fazia etiquetas e vendia para mães nas portas dos colégios. Depois, aventurei-me como vendedor de produtos de limpeza de uma empresa americana especializada em *Marketing* de Rede. Se perguntarem o que eu fazia da meia-noite às seis: fui DJ por uns anos.

Bom, não segui a carreira de atleta, nem a de DJ, tampouco a de vendedor ou de programador, mas tudo me ajudou muito a começar acelerado minha vida profissional. Na hora de escolher o que estudar na faculdade, optei pela Engenharia Civil. Minha escolha baseou-se na questão do raciocínio lógico, por se tratar de uma ciência com conhecimento já desenvolvido, mas com um campo enorme pra se criar coisas novas, o que sempre me encantou. Vi também exemplos de engenheiros que deram certo em diversas áreas, gostei da flexibilidade.

Logo no começo da faculdade, percebi que meu interesse não era a engenharia técnica, gostava de gente e gestão, de reunir pessoas em projetos de desenvolvimento, buscar transformar. Por isso selecionei os estágios para meu foco: sonhava que, no futuro, seria um executivo-empreendedor que estivesse à frente de projetos de transformação. Mas achava difícil começar logo assim, precisava de uma base e de experiência. Fiz um planejamento de carreira para me inteirar sobre o lado financeiro e, depois, passar para a área de desenvolvimento de novos negócios. E, assim, segui o planejamento.

Os estágios foram muito importantes para essa arrancada. Estagiei onde tive realmente grandes responsabilidades e busquei pessoas que pudessem me ensinar e me incentivar a seguir em frente, como líder, o que fez toda diferença pra mim. Mesmo muito jovem, colocava bastante energia no que fazia; com isto, fui conquistando a confiança dos gestores e cada vez mais responsabilidades. Para surpreender com bom desempenho, a solução era acordar mais cedo e dormir mais tarde. Às vezes, tinha inveja de meus amigos que passavam o verão todo na praia ou o final de semana sem nada a fazer, mas a inveja passava rápido. Eu era ansioso por resultados, queria fazer acontecer, e rápido. Falo sempre do TBC, de Tirar a Bunda da Cadeira, de jamais aceitar não como resposta, de botar pra fazer mesmo.

Segui minha carreira em empresas tradicionais de engenharia, como a Andrade Gutierrez e a MRV, permaneci trilhando meu caminho na área financeira. Passei rapidamente de analista financeiro a controller e, depois, a diretor. Aprendi desde cedo que o mais importante de tudo são as pessoas. Aprendi a conhecer as técnicas de gestão de pessoas e liderança, e tive a certeza de que aquilo que realmente me motivava era liderar bons projetos através do desenvolvimento das pessoas.

Apesar de trabalhar em empresas inegavelmente bem-sucedidas e competentes, e de haver aprendido bastante, duas coisas incomodavam.

A primeira: o status quo da engenharia, insistindo em fazer tudo sempre do mesmo jeito. O mercado de construção é extremamente tradicional e técnicas seculares ainda são utilizadas muitas vezes sem questionamento e melhoria. Difícil mudar as coisas nas empresas tradicionais. Isso me incomodava muito. Há séculos paredes são feitas colocando tijolos e massa, e quebrando tijolos e sobrando massa. Queria fazer alguma coisa pra mudar isso, mas não sabia ainda como.

Outra questão que me incomodava demais era o desperdício e a geração excessiva de resíduos na construção. Como exemplo, a indústria da construção representa cerca de 10% do PIB do mundo, ou seja, o benefício econômico e social; em contraponto, a mesma indústria gera mais de 30%

dos resíduos depositados. E pouco tem sido feito para alterar este panorama.

Até aquele momento, eu detinha uma carreira ascendente, reconhecimento e bons resultados em excelentes empresas. A inércia geralmente impele a permanecermos como estamos, é difícil mudar por um fator somente interno. A decisão de mudar quando tudo está dando certo nem sempre é fácil ou parece lógica. Nós, jovens, temos de prestar muita atenção nisto se quisermos escrever nossa história do nosso jeito. No meu caso, sempre tentei tomar as rédeas e, não raro, decidir contra a lógica aparente.

Queria fazer algo para ajudar a transformar o que me incomodava, mas não sabia como, não tinha competência pra mudar. Gosto muito de ler, e há frases de Platão, de Sócrates e Gandhi que, resumindo, dizem a mesma coisa: se você quer fazer alguma coisa pra tentar ajudar a mudar o mundo, comece mudando você mesmo.

Resolvi largar tudo e buscar novos caminhos e conhecimentos que me transformassem como gestor. Alguns amigos chamaram-me de louco, gente torceu o nariz. Você é louco? Vai abdicar do salário de diretor, de uma equipe que te adora, do bônus no final do ano e carro da empresa para mergulhar em algo sobre o qual não conhece o final? Mas sabia aonde queria chegar. Decidi ir para o Vale do Silício e entender mais sobre empreendedorismo, inovação, e o que as empresas de tecnologia estavam fazendo lá para criar, como eram seus modelos de gestão. A ideia era buscar, naquela atmosfera do Vale, inspiração para fazer algo que ajudasse a transformar o modelo da indústria da construção. Iniciativa que, até então, eu não havia conseguido empreender. Queria entender os modelos das *startups*, o modo de funcionamento dos ciclos de inovação, como pensavam os empreendedores.

Fui fazer um MBA em Stanford (Sloan), depois participei de um curso de empreendedorismo em Columbia e, logo após, de um curso sobre inovação e tecnologias exponenciais na Singularity University, no campus da NASA, na Califórnia.

Voltei para o Brasil com mil ideias na cabeça, aprendi que inovação é muito mais transpiração e método do que inspiração e ideia. Conheci alguns modelos de gestão diferentes dos que eu havia vivenciado, visitei inúmeras empresas, conversei com vários empreendedores e acredito que consegui na minha cabeça criar alguns modelos de gestão adequados para ajudar a transformar as empresas de engenharia daqui, por mais tradicionais que fossem.

Voltei para o Brasil com as mangas arregaçadas pra tentar fazer diferença.

Através de uma indicação da Linda Rottemberg, cofundadora da Endeavor, organização que apoia o empreendedorismo, trabalhei um período como CEO de uma *startup* de engenharia interessada em construir casas pré-fabricadas de concreto para moradores de baixa renda. Foi uma experiência intensa, mas curta: em menos de um ano os fundadores adotaram novos rumos com is quais eu discordava para a empresa e, por tal razão, resolvi sair.

Recebi, então, um convite da Precon, empresa tradicional de Minas Gerais, com um histórico de desenvolvimento de produtos e empreendedorismo, cujos acionistas são reconhecidos pelos fortes valores de ética, de valorização das pessoas e de sustentabilidade. Empresa líder regional de pré-fabricados de concreto, e fabricante de materiais de construção. Percebi, de imediato, uma forte identificação com os valores dos acionistas, e com sua vontade de transformação. A missão era somar competências e experiências, e utilizar o histórico de P&D que a empresa vinha realizando para criar um produto inovador para a construção residencial, com três premissas. Deveria ser industrializado, usando o DNA da empresa de industrialização da construção por 50 anos. Tinha de ser inovador, mediante tecnologia desenvolvida pela própria Precon. Deveria ser sustentável, respeitando os meus valores e os valores dos acionistas.

Desafio aceito, partimos, eu e quatro executivos que iniciaram o projeto comigo, para a prática. Mas por onde começar? Precisávamos captar financiamento para o projeto, desenvolver a tecnologia, pensar em como produzir dentro de uma fábrica, enfim, havia muitos desafios.

Diante de tantas interrogações, resolvi começar pelas pessoas. Aos poucos, fomos comunicando a todos o propósito, o significado daquele novo projeto de transformar a construção com inovação, sustentabilidade e industrialização. Envolvemos as pessoas no projeto com transparência; ainda que tivessem de realizar mais obtendo a mesma recompensa. Fariam parte de um projeto que poderia elevar a construção a um patamar melhor.

E assim começamos. A ideia era criar uma fábrica de prédios onde, baseados na indústria automobilística, fabricaríamos as partes dos prédios em uma unidade industrial, e transportaríamos e montaríamos esse prédio em um canteiro de obras, como se fosse um grande Lego (brinquedo). Transformaríamos a construção em engenharia de produção, logística e automação.

Tínhamos barreiras tributárias, de tecnologia, de mercado. Confesso que deu frio na barriga. Os obstáculos eram grandes e desconhecidos, mas a vontade de fazer acontecer foi mais forte que o medo do desconhecido e do tamanho das barreiras. Estar acompanhado das pessoas certas desde o começo também foi um fator preponderante. As pessoas fizeram toda a diferença durante a história de desenvolvimento da inovação.

Mãos à obra, aprofundamos os projetos, iniciamos testes, laboratórios etc. Ficamos meses nessa trajetória de desenvolvimento. Quebramos a inovação em partes, juntamos o todo, até construirmos o primeiro protótipo em escala real e finalizarmos os testes de desempenho. Vencida a etapa, colocamos rapidamente no mercado para teste, e o nosso Lego, chamado Solução Habitacional Precon (SHP), nascia ali. Sucesso desde o lançamento, a SHP vem passando por constantes modificações e já representa uma quebra de paradigma na construção brasileira.

Mas como uma empresa tradicional de engenharia conseguiu diferenciar-se pela inovação? Aí entra o modelo de gestão que fui aprender no Vale do Silício. A partir de um propósito claro para todos de transformação da construção com industrialização, inovação e sustentabilidade, conseguimos ter pessoas alinhadas e focadas em uma mesma cultura (cultura é fundamental para a empresa conseguir transformar), e começamos a mudar as práticas de gestão empresarial. A empresa passou a ser mais horizontal: única forma de conseguirmos decisões ágeis para mudanças rápidas. Decisão rápida depende de informação, e informação rápida só funciona se a empresa for horizontal e as pessoas tiverem autonomia na ponta. Somos uma empresa simples, de gente simples. Através de um simples modelo PDCA, iniciamos rodadas seguidas de melhorias de indicadores de desempenho operacionais. Tudo muito participativo, com as pessoas com poder nas pontas para experimentar e errar. Usamos na prática o *"fail fast"* do Vale do Silício. Os erros foram parte de nosso desenvolvimento e sem eles não teríamos evoluído. Erramos muito, evoluímos bastante também. Criamos *hackatons* (semanas de desenvolvimento de inovação) para que as pessoas parassem o que estavam fazendo em suas rotinas e pensassem somente em inovações. A empresa foi, aos poucos, transformando-se em uma organização aberta, com comunicação fácil, pouco hierárquica e muito participativa. Além de rápida, pra decidir e mudar.

Um valor fundamental da Precon é a busca do resultado com felicidade. Com todos alinhados ao objetivo da empresa, trabalhamos muito em prol de resultados, mas mantendo as pessoas felizes. Esta tem sido uma característica importante da cultura implantada: um ambiente de trabalho feliz, mesmo com os grandes desafios e barreiras a serem transpostos. Acreditamos de fato que o binômio felicidade e resultado é a mola que move a empresa. Queremos gerar resultados, consumindo menos recursos, impactando menos o ambiente e com as pessoas felizes.

Cinco anos após iniciado o projeto da SHP, a empresa aumentou em cinco vezes o seu faturamento. Hoje, 70% do faturamento são advindos da inovação. Do ponto de vista sustentável, estamos em um processo crescente e acredito que já atingimos de alguma forma as três esferas da sustentabilidade. Na ambiental, conseguimos uma redução impressionante, gerando 85% menos resíduos do que a média da construção tradicional. Para cada apartamento de 47m$^2$, menos 6 toneladas de resíduos são geradas! Se toda a atual fase 3 do Programa MCMV dispusesse de tecnologia semelhante, deixaríamos de gerar resíduos que encheriam uma fila de caminhões que daria uma volta e meia na Terra! No âmbito social, geramos empregos mais qualificados (priorizando a qualidade de vida no trabalho), promovemos a inserção de mão de obra feminina (atualmente, 35% da mão de obra da fábrica é de mulheres). No lado financeiro, entregamos imóveis econômicos para famílias de baixa renda, na metade do tempo, o que leva essas famílias a pagarem aluguel pela metade do tempo comparado ao da construção tradicional. E toda essa quebra de paradigma tecnológico e do setor fizemos com o cliente no centro, alinhando as escolhas à satisfação dos clientes. A inovação nos permite hoje entregar para esse cliente um produto com diferenciais importantes com relação à concorrência, na metade do tempo, e com baixíssimo nível de impacto ambiental, tudo isso pelo mesmo valor econômico.

Considero imperativo frisar que a mola de nosso modelo é o desenvolvimento constante e muito participativo de inovações. Temos várias ações em andamento, tais como um round com a Finep para alcançar novos índices de diminuição de custos, aumento de produtividade e redução de resíduos. Inovação tornou-se comportamento: além de integrar nossos produtos, pontua diariamente o desempenho de nossas áreas de apoio.

Usamos, hoje, uma tecnologia mais industrializada e eficiente que a média da construção tradicional no Brasil, mas não nos aquietamos. Estamos desenvolvendo tecnologias para daqui um ou dois anos, modificando nossos modelos e processos, pensando e investindo em tecnologias para médio prazo. Visando permanecer em contato com novas ideias e tecnologias, estamos iniciando projetos de parceria com *startups* de tecnologia do setor, com o intuito de trazer os jovens para perto dos desenvolvimentos da empresa. Acreditamos que o poder da transformação está na informação. Como exemplo, estamos iniciando uma parceria para o desenvolvimento de *internet* das coisas na nossa área (*internet* do concreto) e começando também o fomento de projetos nas áreas de robotização e impressão 3D em concreto.

Vejo que as *startups* e as tecnologias exponenciais estão revolucionando o mercado, e esta transformação está só começando. Alguns setores já foram transformados pelas empresas de tecnologia – uns mais, outros menos -, mas muitos ainda o serão. Cabe perguntar: vamos assistir, reagir ou fazer parte da mudança? Quero ser parte ativa da mudança, quero de fato ajudar a puxar a fila. De forma simples, gerar resultado com gente feliz. O que fazer? TBC. Inovar. E fazer a diferença.

> "Você tem que ser o espelho da mudança que está propondo. Se eu quero mudar o mundo, tenho que começar por mim." Gandhi

> "Deixe quem desejaria mudar o mundo primeiro mudar a si mesmo." Sócrates

## JOVENS EMPREENDEDORES

### MARIANA SERRA

# EMPREENDEDORISMO SOCIAL E *VOLUNTEER VACATIONS:*
## ENGAJANDO PESSOAS A PARTICIPAREM DO DESENVOLVIMENTO HUMANO

## MARIANA SERRA

Cofundadora e idealizadora da Volunteer Vacations, é palestrante, formada em Relações Internacionais pela ESPM-RJ. Está na lista da Forbes 30 Abaixo de 30 como uma das jovens mais promissoras do Brasil até 30 anos, em 2016. Publicou em 2009 um artigo sobre a importância da educação para o desenvolvimento do país no jornal da ESPM, foi assistente do ministro Lampreia. Apaixonada por viagens, já morou na Nova Zelândia e Taiti, onde começou o seu envolvimento com ações humanitárias. Recentemente, foi voluntária em projetos na Índia, Tailândia, Costa Rica, Tanzânia, EUA e no Quênia, onde trabalhou como voluntária na maior favela urbana do continente e em um orfanato cuidando de crianças com AIDS e tuberculose. Em fevereiro de 2015 formou mais de 300 empreendedores quenianos.

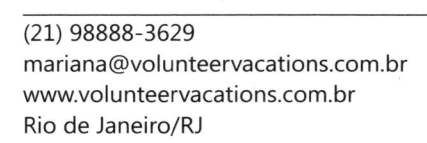

(21) 98888-3629
mariana@volunteervacations.com.br
www.volunteervacations.com.br
Rio de Janeiro/RJ

## JOVENS EMPREENDEDORES

Em 2013, resolvi tirar férias do trabalho e viajei para o Quênia. Eu tinha 27 anos e era minha primeira vez no continente africano, um sonho se tornando realidade. A viagem aconteceu em 2013, mas desde 2012 eu sonhava com ela, só não imaginava que ela mudaria minha vida nem que ela seria o início da empresa que eu e meus dois sócios criamos, e com o que eu já sonhava em trabalhar desde quando morei no Taiti, na Polinésia Francesa, de 2004 a 2006. Mas, antes de falar da viagem que mudou o rumo da minha vida profissional, é importante eu contar sobre as experiências que me humanizaram.

Uma coisa é certa, o outro sempre foi meu interesse. Desde menina cultivava muitas amizades e sempre fui muito curiosa em relação às pessoas, quem estava do meu lado, quem eu tinha acabado de conhecer, saber sobre a história daquela pessoa, e por aí vai. Ou seja, o outro sempre foi motivo que despertava meu interesse. Com isso vinham os questionamentos: por que ele tem menos que eu? Por que ele dorme na rua? Por que ele mora em um barraco e não pode morar em um apartamento como o meu? Por que às vezes ele não tem o que comer e eu posso comer o que eu quiser a qualquer hora do dia? Por que tanta desigualdade?

Perguntas e perguntas, até hoje me questiono muito, sempre com o intuito de evoluir e criar soluções. Mas talvez todas essas perguntas venham de exemplos que tive em casa, pais que sempre se dedicaram ao próximo.

Sou filha única, então, família é sagrada, somos muito unidos aqui na nossa microfamília, como costumamos falar, temos hoje um mascote, um cãozinho chamado Hugo, mas minha vida inteira sempre fui eu, mamãe e papai. E eles são meus maiores exemplos e inspiração. Meu pai é professor doutor universitário. Professor basicamente forma um aluno para vida, não é só ensinar uma disciplina, é uma formação, é saber doar seu conhecimento, sabedoria para que seu aluno saia dali plenamente capacitado. Ou seja, o professor exercita seu olhar para com o próximo, se dedica à formação de uma pessoa que ele pouco conhece e com quem talvez só conviva por um semestre. Mas o professor se dedica, sem se importar com a raça, religião ou o que quer que seja daquele aluno, é dedicação pura ao próximo. Papai é assim.

Minha mãe era enfermeira chefe do CTI pediátrico de um hospital público. Sempre trabalhou incansavelmente. Seu maior objetivo? Curar, salvar vidas, tratar. Nossa, quantas vezes deixei de passar Natal, *réveillon*, dia das crianças, dia das mães com ela. Tudo porque ela estava lá, no hospital, dando plantão, cuidando, salvando vidas! Fez aquele CTI pediátrico se tornar referência em neonatologia, fruto da sua dedicação e amor ao próximo! Mas, ao mesmo tempo em que estava longe se dedicando ao outro, ajudando, nunca deixou faltar nada, sempre cuidando da sua família, papai e eu.

Resumindo, sou muito privilegiada, pois nasci com dois pais exemplos de dedicação ao próximo. Aí fica mais fácil entender porque hoje amo me dedicar ao outro e porque hoje trabalho com isso.

Acredito que nascemos com certas virtudes, compaixão, solidariedade e bondade. Somos naturalmente bons, talvez o meio possa corromper, mas o ser humano carrega consigo essa solidariedade no peito. Afinal, não estamos sozinhos no mundo, não tem como viver isolado, hora ou outra você vai precisar de "uma mão" ou vão precisar da sua mão.

Agora que contei um pouco sobre minha base, meus questionamentos, é interessante entender minha formação, pois ela certamente influenciou na empresa que eu criei.

Estudei minha vida toda em um colégio francês no Rio de Janeiro, basicamente fui alfabetizada em francês. Embora não tenha família na França, meus pais acreditavam no lado positivo de um ensino bilíngue, em especial o Francês, pois meu avô materno morou na França e com isso influenciou minha mãe a me colocar na escola francesa. Quando você estuda em uma escola que não é da sua língua, não é sua cultura, mas está no seu país, desde criança você se vê fora da sua zona de conforto, porque você entra no colégio e lá já é outro mundo diferente do que você vive. Além de que suas amizades são de crianças de outros países, não só a França como países francófonos. Resultado, me encantei pelo externo, o mundo, as outras culturas, outras línguas, outros países.

Terminei meu colégio e fui parar na Nova Zelândia para fazer intercâmbio. Vale ressaltar algo, as boas oportunidades que tive e tenho na vida. Não devemos ter vergonha em falar delas, temos de falar e saber aproveitar essas oportunidades da vida. E poder sair de casa com 18 anos, ir morar na Nova Zelândia para aprender Inglês foi uma oportunidade linda que meus pais me deram e confiaram em mim. A NZ foi realmente incrível, um país lindo, consciente e com uma proximidade muito grande com a Ásia. Com isso, conheci indianos, chineses, japoneses, tailandeses, turcos, americanos, europeus e até um refugiado norte-coreano! Foi realmente algo que me trouxe uma certeza: queria fazer faculdade fora do Brasil.

De lá segui então para o Taiti, uma ilha que pertence à Polinésia Francesa, é um território ultramarino da França. Mas é mais conhecido pela sua famosa ilha onde todos querem passar a lua de mel, Bora Bora. Segui para o paraíso e lá morei por dois anos. Comecei minha faculdade de relações internacionais lá, em uma ilha com 180 mil habitantes. Enfrentei diversos desafios, tive uma nova família, meus pais continuavam morando no Brasil e lá morei com cinco homens, todos amigos, jovens estudantes. É engraçado porque na época todos os meus amigos estavam fazendo faculdade na França, EUA, Inglaterra etc., ou seja, países mais desenvolvidos que o Brasil e eu quis ir para um menos desenvolvido. Foram várias aventuras, mas muito aprendizado e principalmente muita gente que conheci, histórias, vidas compartilhadas comigo, e fui aprendendo. Mas foi quando surgiu a oportunidade de trabalhar como voluntária com crianças que a direção do meu olhar mudou completamente.

Sempre me envolvia pontualmente em projetos sociais no Brasil, mas no Taiti descobri que o que eu fazia eventualmente era melhor ainda quando fazia todo dia. Fui voluntária por cinco meses com crianças entre seis meses e sete anos. Descobri-me atuando em campo, botando a mão na massa, tentando ajudar aquelas crianças, cuidando delas. Aquilo me tocou e diversas outras pessoas e amigos com quem tive conversas verdadeiras e profundas me fizeram conseguir identificar em mim que eu tinha esse olhar, esse amor ao próximo. Isso faz parte do autoconhecimento, devemos nos conhecer muito bem para poder evoluir, e ali descobri esse meu lado. Eu resolvi voluntariar ao invés de estagiar em alguma empresa local. Estava cursando Relações Internacionais e precisava de hora complementar em estágio, mas aceitaram meus meses de voluntária nessa creche.

No total, fiquei três anos fora do Brasil, anos que me fizeram evoluir muito, aprender e enfrentar diferentes desafios, alguns pessoais bem fortes. Tudo isso faz parte da nossa formação e nos ajuda também na trajetória profissional.

Depois desses anos morando fora do Brasil, senti a necessidade de retornar ao país para me inserir no mercado de trabalho e aí pedi transferência para a ESPM no Rio de Janeiro, onde me formei em Relações Internacionais. Já no segundo período comecei a trabalhar, fui assistente do embaixador Luiz Felipe Lampreia, ministro das Relações Exteriores no governo FHC. Foi um enorme aprendizado, quatro anos de muito trabalho e amadurecimento. Eram basicamente trabalhos de pesquisa, desenvolvimento de *papers*, acompanhamento em palestras do ministro, reuniões, enfim, foi excelente para meu amadurecimento pessoal e para estabelecer uma rede de contatos.

Depois segui um caminho pouco "convencional", comecei no mercado privado em uma microempresa, passando por uma pequena, uma média e depois uma grande empresa, a Andrade Gutierrez (AG), que foi minha última vez no meio executivo, quando resolvi largar essa carreira e empreender. Enquanto trabalhava na AG, tive duas experiências fundamentais para me incentivar e dar o empurrão final para empreender.

Fiz um curso de criação de negócios inovadores no IBMEC (Instituto Brasileiro de Mercado de Capitais) e depois uma viagem, chamada Jornada Warren Buffet, em que 11 estudantes do instituto (onde eu estava cursando meu MBA) foram participar de um Q&A (perguntas e respostas) com o W. Buffet em Omaha e depois de um jantar exclusivo com ele. Foi nessa viagem que descobri que seria possível realizar meu sonho de viajar e ajudar, descobri lá o conceito de *Voluntourism*.

Esse conceito existe desde a década de 60 nos EUA, país que mais voluntaria no mundo. Basicamente, você escolhe um destino, um projeto, uma época do ano e quanto tempo deseja ficar em um país para viajar, conhecer e principalmente ajudar naquele projeto de acordo com as suas habilidades. Fiquei encantada e voltei com aquilo na cabeça, queria viver essa experiência.

Nesse meio-tempo, na AG eu já estava pensando em abrir meu próprio negócio, ali não era exatamente o que eu amava fazer, aprendi muito no meio executivo, mas não era a minha paixão. Então estava elaborando um novo negócio junto com uma amiga de infância, Alice Ratton, um portal de viagens. Quando descobri o conceito pensei em promovê-lo no *site* e aí conversando com um amigo ele me indicou para falar com o André Fran, que apresenta dois programas de viagem, um no Multishow e outro na GloboNews, assim poderia pegar umas dicas e ver se fazia sentido. No encontro mostrei tudo ao Fran e ele me alertou para o conceito de *Volunteer*

## JOVENS EMPREENDEDORES

*Vacations*, perguntou o que era e achou aquele o grande diferencial desse portal, isso ocorreu no início de 2013. Essa conversa mexeu comigo, afinal, aquele era meu sonho, viajar e ajudar. Resolvi então abandonar a ideia geral do portal de viagens e pensei "por que não levar pessoas para fora?", talvez outras queiram, assim como eu, viajar com algum propósito. Então apresentei a Alice ao Fran e começamos a planejar, fazer o bê-a-bá, *business plan*, canvas, SWOT etc. Fizemos algo muito importante que deu para ter uma noção da demanda que foi uma pesquisa de campo para conhecer o mercado, afinal, seríamos e somos a primeira empresa de férias voluntárias do Brasil. Estaríamos literalmente movimentando e criando um novo segmento. Nossas referências, *benchmarking*, eram todas de fora, outro mercado, países que já têm a cultura do voluntariado. O desafio era grande e ainda é! E então comecei a viajar e a realizar a viagem que tanto sonhava. O primeiro destino foi o Quênia, 4° país mais afetado pela AIDS no mundo, onde fica a maior favela da África, Kibera, e onde 700 crianças ficam órfãs por dia. Programei tudo e vivi a experiência através de uma empresa americana, com isso pude ver como funcionava uma empresa de férias voluntárias, desde o primeiro contato até a minha volta. Minha mãe, hoje aposentada, resolveu ir comigo e juntas vivenciamos uma viagem que jamais esqueceremos. E então outras viagens como voluntárias vieram, sempre com ela, Tanzânia, Índia, Tailândia, Costa Rica e EUA. Com isso ia abrindo novos destinos da VV, novos contatos com ONGs, avaliando cada uma e vendo a melhor parceria. Foi um ano e meio viajando assim e em paralelo tirando a Volunteer Vacations (VV) do papel. O nome surgiu numa troca de *e-mail* entre mim e Fran, mantivemos o nome em Inglês, afinal também trazemos estrangeiros para o Brasil, o nome precisava ser em Inglês.

Até que em abril de 2014 lançamos informalmente, simplesmente criamos o Instagram, Facebook, *site* pronto e Fran, Alice e eu começamos a divulgar em nossas redes sociais. Primeiros *e-mails* começaram a chegar, em uma semana já tínhamos 1.000 seguidores, foi indo muito rápido, nem nós imaginávamos isso. Até que um mês após o lançamento saiu uma matéria no jornal *O Globo* sobre nós, em julho levamos nosso primeiro cliente, um estudante que foi para os EUA. Com um frio na barriga, mas foi tudo certo e nos deu ainda mais força. Aos poucos fomos vendo o nosso público-alvo se consolidar e uma surpresa que até hoje é assim, 98% dos nossos clientes são mulheres. Incrível essa vontade feminina de se engajar.

Hoje a Volunteer Vacations é uma agência de viagens de experiência em voluntariado. Quando falamos em experiência, é no processo todo, desde a pré-venda, onde já envolvemos e levamos o potencial cliente para se engajar nas causas locais, através de nossos *e-mails*, tratamento etc., até no pós-venda, após a sua volta. Procuramos ir além, capacitamos, orientamos cada cliente nosso. Nosso negócio é delicado, envolve humanidade, engajamento, envolvimento com as causas locais. Não é simplesmente pagar, comprar a passagem e ir. Preocupamo-nos com todas as expectativas, do voluntário, da ONG parceira e da preparação de tudo.

A VV é um negócio social. Que por definição tem o tripé em impacto social causado, pessoas e lucro. Nosso impacto é causado no cliente que vive aquela experiência de voluntariado, é uma "humanização", e o impacto positivo que ele vai causar na comunidade em que ele será voluntário por um período de tempo. Em média são viagens curtas, de um mês, no entanto, também oferecemos mais longas, de meses, mas preparamos todos os voluntários para que possam causar o mais significativo impacto deixando um legado. Conseguimos isso justamente graças a nossa capacitação, feita através de uma metodologia desenvolvida por nós, antes do embarque do cliente. Além da viagem, o cliente é "educado", recebe um curso de voluntariado e engajamento online, para prepará-lo da melhor forma. O cliente não paga então somente pela viagem em si, mas também a sua capacitação, e no final da viagem ele recebe um certificado de voluntariado.

Em dois anos já temos cerca de 13 mil pessoas cadastradas em nosso sistema de potenciais clientes. Além de levar cerca de 250 pessoas ao ano para vivenciar uma experiência de voluntariado. No entanto, criar um novo segmento, uma nova cultura, demonstrar aos brasileiros que eles podem viajar e também ajudar, mas que existe um valor a ser pago e necessidade de se ter um mínimo de preparo, continua sendo um desafio e com isso incluímos uma forma de atuação de conscientização através das nossas palestras. Eu dou muitas palestras pelo Brasil e muitas vezes com o meu outro sócio André Fran. Então acaba sendo um trabalho de "aculturamento", em que demonstramos que é sim possível agir e fazer algo pelo mundo, se engajando e vivenciando a causa pela qual você poderá ajudar a trazer soluções.

A cada semestre adaptamos o *site* e procuramos evoluir para tornar o processo todo cada vez mais *online*. Cada voluntário chega a nós por um porquê, algo que o guia, algo dentro dele que o leva a querer ajudar, buscamos entender isso e se ele ainda não tiver algum destino em mente indicamos o que se adequa ao seu perfil e expectativa. Ele deve então preencher uma ficha onde procuramos saber todo seu histórico, perfil etc. Repassamos isso para nossas ONGs, vemos se tem a vaga na época desejada, se encaixa com a ajuda necessária e tendo o OK ele pode ir. Fazemos então uma proposta formal e ele paga a sua inscrição e começa toda a orientação, incluindo a capacitação online. No destino ele será recebido pelo nosso *country manager* local, todos falam Inglês fluente, orientação na ONG e suporte local do nosso parceiro, além do nosso apoio 24 horas *online*, caso necessário. Preparamos então tudo, indicamos vistos, vacinas, ele terá acomodação, alimentação, *pick-up* no aeroporto, material incluído a ser utilizado nas atividades, recebe uma camisa de voluntário exclusiva da VV da marca HEVP e no final recebe seu certificado, além de poder manter todo um contato após a sua viagem. Pedimos também gentilmente um formulário de *feedback* de cada cliente nosso após sua viagem, é muito importante escutá-los e ver como podemos evoluir e aprimorar também o trabalho da ONG.

A VV hoje está evoluindo e se tornando um grupo. Estamos lançando nossa primeira formação de empreendedores sociais. Acreditamos no poder do empreendedorismo social e temos de fomentar isso em nosso país. Lançamos um curso em que vamos tirar o aluno de sala de aula, ele vai vivenciar diferentes experiências de voluntariado em campo. Quer criar um negócio social? Tem de ir para campo, é preciso ter imersão. E com a coordenação acadêmica do Thiago Almeida, doutorando pela COPPE e professor do IBMEC e ESPM, iniciamos esse curso no ano de 2016.

Acredito no empreendedorismo social como um modelo inovador, consciente e o mais adequado para a sustentabilidade do mundo em que vivemos e a VV trabalha com esse foco para promover esse engajamento social, mostrar que todos são capazes de fazer algo pelo mundo.

## JOVENS EMPREENDEDORES
### NICOLAS ROMANO

# SONHE, ACREDITE E FAÇA ACONTECER

## NICOLAS ROMANO

É advogado formado pela Pontifícia Universidade Católica de São Paulo (OAB/SP 328.789) e possui MBA em Mercado Financeiro pela Saint Paul Institute of Finance. Como gestor financeiro possui as certificações CPA-20 e CGA da ANBIMA (Associação Brasileira das Entidades dos Mercados Financeiro e de Capitais). Iniciou a carreira na área tributária do prestigiado escritório Demarest & Almeida Advogados. Como empreendedor, atuou na área comercial da Ingresse, plataforma digital de venda de ingressos para eventos, e fundou o planejador e blog de viagens Easytown S.A., *startup* na área de turismo. Ex-membro do comitê de gestão do Lide Futuro, atualmente é presidente do Grupo Clube do Mauá, *holding* que reúne investimentos e grandes líderes empresariais representantes dos principais setores socioeconômicos do Brasil.

São Paulo/SP

## JOVENS EMPREENDEDORES

Salve! Salve! É com imensa alegria e enorme satisfação que venho compartilhar a minha história de vida junto com tantos ilustres empreendedores para esta magnífica obra literária.

O meu intuito não se resume apenas a contar mais uma trajetória profissional como muitos o fazem, e sim também compartilhar, ao longo da narrativa, sábios e imensuráveis ensinamentos que aplico diariamente em minha vida.

Primeiramente gostaria de me apresentar. Prazer, sou o Nicolas Bruno Romano e agradeço profundamente por fazer parte da minha obra de vida, mesmo que na posição de um curioso leitor. Espero que goste e que ao final deste capítulo possa ter despertado algum sentimento novo em você, querido leitor, pois o grande objetivo de todo livro é promover a reflexão para que possamos de alguma forma crescer e evoluir.

Bom, apesar de ser jovem, com recém-completos 28 anos, atualmente estou à frente de alguns empreendimentos profissionais. Na realidade, tornei-me empreendedor por acaso. Sou advogado formado pela Pontifícia Universidade Católica de São Paulo, e durante alguns anos trabalhei na área tributária de um dos mais renomados escritórios de advocacia do País.

Embora adorasse a minha profissão, faltava de fato paixão. Sou completamente inquieto no sentido de querer fazer algo novo, construir, sonhar e deixar algum legado à sociedade. Sempre questionei muito o fato de as pessoas levarem as suas vidas no modo automático, sendo reféns do "*status quo*" e desfrutarem de raríssimos momentos de prazer. A meu ver, o trabalho quando deixa de ser feito por paixão e passa a ser uma obrigação perde todo o sentido.

Acontece que os meus ideais e princípios ao longo dos anos foram mudando radicalmente, a partir de diferentes pontos de vista que passei a enxergar sobre determinados aspectos considerados imutáveis pela maioria das pessoas. Necessitava respirar novos ares, enfrentar novos desafios e conhecer pessoas que tivessem afinidade e uma mentalidade semelhante, ou seja, era preciso literalmente recomeçar. A minha decisão de empreender também foi influenciada de alguma forma pelo exemplo que tenho dentro da família, pois desde cedo cresci com a visão de ser dono do próprio negócio, arriscar em algo novo e incerto e possivelmente fazer acontecer. Mas, de qualquer forma, isso tudo só foi possível porque a minha alma clamava por novas experiências e desafios, e simplesmente tudo foi acontecendo de forma inimaginável.

O primeiro semestre do ano de 2012 foi um grande divisor de águas na minha vida. Já havia largado o emprego e decidido que iria começar o meu próprio negócio. Era um cenário completamente adverso, pois não fazia a menor noção do que iria criar e sabia que não poderia contar com sequer um centavo da minha família. Verdade seja dita, tudo que fiz até hoje se deve ao meu próprio esforço e dedicação, embora reconheça que tive o privilégio de estudar em um dos melhores colégios de São Paulo e frequentar lugares que me proporcionaram grandes laços de amizades. Aliás, ótimos relacionamentos são essenciais na vida de qualquer pessoa.

Pois bem, apesar disso tudo, na época me questionava se esse era o caminho certo a seguir, e para isso necessitava de forças e muita fé para abandonar a minha promissora carreira e seguir o que a minha intuição dizia. O primeiro passo foi ouvir o coração, este sim é o verdadeiro dono da razão, e não a cabeça, como muitos pensam. Sabia que, se de alguma forma eu seguisse a minha intuição, por mais impossível que pudesse imaginar, as coisas aconteceriam de alguma forma. Era um grande teste e tinha a convicção de que caso fosse aprovado absolutamente tudo fluiria posteriormente com naturalidade em busca da realização dos meus objetivos de vida.

Dessa forma, passei a ler livros e mais livros sobre o tema, além de frequentar inúmeras palestras promovidas pela Endeavor e demais organizações que objetivam fomentar o empreendedorismo no País. Mas, acima de tudo, havia outra preparação importantíssima que necessitava fortalecer imediatamente, a força mental e espiritual. Com o perdão da palavra, mas para você empreender é preciso ser macho pra caramba. É essencial que você tenha muita certeza, convicção, fé e foco absoluto para concretizar os seus objetivos e fazer tudo dar certo. E sempre dá, basta acreditar!

Já dizia o poeta: "Ler é importante, aprender é essencial, mas saber interpretar é fundamental". Assim, confesso que dois livros mudaram radicalmente a minha vida e foram fundamentais na minha preparação para o novo mundo que surgia nesse instante. O best-seller *"The Secret"*, de Rhonda Byrne, e "Prosperidade Profissional", de Luiz Gasparetto. Ambos tratam de questões como o poder dos pensamentos e vibrações positivas, estudo das leis universais, relação com o trabalho e dinheiro, causas e consequências do sucesso e análise da autoimagem. Em minha opinião, são livros obrigatórios na vida de qualquer pessoa, cujos sábios ensinamentos foram aplicados e compartilhados por grandes mestres e líderes mundiais de diferentes épocas da humanidade. São simplesmente sensacionais!

Pois bem, em uma das palestras promovidas pela FGV, conheci uma pessoa que relatou histórias fascinantes sobre a sua vida pessoal e acadêmica em Stanford. Ele havia captado uma quantia expressiva de recursos com investidores do tão aclamado Vale do Silício e acabara de chegar a São Paulo. Em poucos dias, estávamos trabalhando para revolucionar o mercado de entretenimento ao inovar a forma de comercializar digitalmente ingressos para *shows*, festas, teatros e grandes festivais.

A experiência foi fantástica e tenho orgulho de dizer que conseguimos romper barreiras e quebrar preconceitos de um mercado altamente fechado e desorganizado e dessa forma criar uma ampla identidade e fidelização perante os *stakeholders*. Além disso, pude desenvolver as minhas habilidades de negociação, pois atuava diretamente na parte comercial da empresa. Aliás, já havia passado por essa experiência no setor varejista, durante a época natalina, e posso afirmar que essa é uma grande escola da vida, pois a todo instante estamos literalmente nos vendendo. Uma prova disso é observar que prestigiados empresários são, acima de tudo, ótimos vendedores e excelentes negociantes.

Concomitantemente a essa atividade, havia fundado há alguns meses uma *startup* na área de turismo. A ideia era criar um planejador de viagens nos moldes que o Google lançou recentemente, e para isso prontifiquei-me a levantar o capital que precisávamos para iniciar o projeto. E é exatamente nessa fase que surgem as grandes dúvidas e incertezas e que levam milhares de empreendedores a abandonar o barco antes da hora. Se você, leitor, já passou por essa situação sabe muito bem o que estou dizendo. Grandes ideias todo mundo tem a qualquer instante, porém, executá-las e literalmente tirar do papel é o grande desafio.

Juro a vocês que não fazia a menor ideia de onde iria conseguir o vultoso investimento que precisávamos. Parecia uma tarefa impossível e que somente com um grande golpe de sorte eu iria ter recursos para abrir o meu tão sonhado projeto. Neste momento, sabem o que eu fiz para vir a solução mágica? Segui à risca os sábios ensinamentos e aprendizados compartilhados nos livros mencionados, de tal forma a adquirir confiança absoluta de que a solução apareceria para resolver a nossa questão financeira. Por mais que a cabeça tentasse me desvirtuar a todo momento, mostrando que a realidade era diferente do produto da minha imaginação, eu tive forças e uma fé inabalável de que tudo daria certo.

Durante uma conversa com a minha amada mãe, enquanto compartilhava as minhas ideias, ambições e desafios, repentinamente ela recebeu uma forte inspiração e sugeriu que eu telefonasse para alguns amigos da época do colégio com quem havia perdido o contato há algum tempo. Não fazia a menor ideia do que alguns deles estavam fazendo da vida, de qualquer forma queria reuni-los para retomar os laços de amizade e apresentar essa oportunidade de negócio. De fato, confesso a vocês que só tinha uma única certeza, a de que alcançaria o meu objetivo independentemente dos obstáculos que surgissem no decorrer do caminho.

Pois bem, após algumas reuniões tudo milagrosamente deu certo e estávamos em êxtase total, mas faltava apenas executar! Havíamos previsto um prazo de alguns meses para lançar o projeto e durante essa fase reconheço que cometi um erro que gostaria de compartilhar. Na realidade, tal prazo havia sido estipulado pela equipe de programadores e desenvolvedores para finalizar o *site* e o aplicativo, cuja responsabilidade ficou a cargo de um dos sócios. Após algum tempo, o ânimo inicial transformou-se em uma grande decepção. O negócio não estava indo para frente e todos já estavam completamente insatisfeitos com o resultado apresentado. Nesse momento, conforme disse, ainda estava envolvido com o projeto anteriormente mencionado, e sabe aquele célebre ditado que diz que o olho do dono é que engorda o boi? Pois bem, o que faz o negócio dar certo e prosperar é a energia de confiança do dono.

Foi quando resolvi entrar para virar o jogo! Eu sabia que aquilo dependia de mim e tudo somente iria acontecer se eu desse o meu melhor. Era preciso renovar e recomeçar com um novo espírito. Por isso, nos mudamos para a região da Av. Faria Lima, captamos mais investimentos, estruturamos a equipe e lançamos um *blog* de viagens escrito por renomadas blogueiras do País que nos proporcionaram certa visibilidade. Em poucos meses houve um grande progresso e fui agraciado entre tantas coisas a fazer parte do comitê de gestão do Lide Futuro, grupo de líderes empresariais que representa mais da metade do PIB nacional. Lembra-se de quando havia citado o fato de estar à procura de pessoas com ideias afins para me encaixar em um novo meio social? Pois bem, quem empreende entende isso muito bem, e foi justamente nesse grupo que tive ganhos imensuráveis a ponto de conhecer pessoas incríveis e extremamente inspiradoras que se tornaram grandes amigos.

De volta aos fatos, é natural que em qualquer casamento, pois uma sociedade é literalmente um matrimônio, haja conflitos entre os sócios quando ocorrem divergências na condução do negócio e pessoas se deixam levar por ego e orgulho ferido. Chegou certo ponto em que percebi que o ciclo estava se encerrando e seguindo novamente a intuição resolvi vender a minha participação em um momento pré-crise e de potencial alta e valorização da empresa, já que estávamos prestes a lançar um novo e promissor produto. E, graças a Deus, mais uma vez acertei em cheio e já estava pronto para a próxima!

Os amigos já achavam inusitado o fato de eu ser advogado e ter atuado em setores tão distintos daquele que havia escolhido como profissão, e mal imaginavam que novamente entraria em um ambiente completamente inóspito, até então, para mim. Nesse ínterim, realizei na Saint Paul Institute of Finance um curso de MBA especializado em Mercado Financeiro e confesso que me surpreendi com o meu excelente desempenho, a ponto de ter sido eleito um dos melhores alunos, título o qual acabo de receber em cerimônia realizada no Museu de Arte Moderna de São Paulo. Aliás, sou extremamente grato e me sinto sortudo por ter certo domínio em áreas tão essenciais na vida de qualquer pessoa, tais como finanças, contabilidade e Direito.

Após dois anos de estudos e concluído o curso, resolvi prestar as certificações necessárias exigidas pela Anbima (Associação Brasileira das Entidades dos Mercados Financeiro e de Capitais) e pela CVM (Comissão de Valores Mobiliários) para me tornar apto a comercializar produtos de investimentos e desempenhar a gestão profissional de recursos de terceiros. A essa altura já havia feito um amplo planejamento para estruturar um FIP – Fundo de Investimento em Participações, visando novas possibilidades de investimento em empresas pertencentes aos principais setores socioeconômicos do país.

Na realidade, ao longo dos últimos anos, enxerguei uma oportunidade de negócio ao constatar uma expressiva lacuna existente no mercado. Em recente pesquisa realizada pela GEM (Global Entrepreneurship Monitor) constatou-se que 40% dos brasileiros já estão envolvidos com a criação de uma empresa. Em dez anos, essa taxa saltou de 23% para 39%, elevando o Brasil ao topo do *ranking* mundial de empreendedorismo, à frente de nações como EUA, China, Reino Unido, Japão e França. Porém, apesar dessas estatísticas, ainda pecamos em questões essenciais, tais como escassez de capital de risco destinado a novos negócios e um ambiente composto por grandes entraves regulatórios e extremamente burocráticos.

Com base nisso, também criei uma empresa de *Consulting*, *Advisor* e *Legal*, visando contribuir e auxiliar os empreendedores na concretização dos seus respectivos sonhos, já que o nosso crescimento e fortalecimento como nação passa sem sombra de dúvidas por alguém que sonhou, acreditou e simplesmente fez acontecer!

Por fim, gostaria de deixar a seguinte mensagem a todos vocês. Antes de qualquer passo que for dar na vida, esteja em paz consigo mesmo e em contato com o seu EU interior para que toda a força energética que move o mundo esteja ao seu lado. Assim, não faça as coisas para ficar bem, mas fique bem para as coisas serem feitas.

Além disso, faça sempre aquilo que ama do fundo da alma e tenha muita confiança e fé absoluta na forma como conduz os seus negócios, principalmente em situações em que tudo pareça impossível aos seus olhos. Esqueça e largue imediatamente sentimentos como preocupação, aflição e medo, pois estes fecham seus caminhos e não deixam o universo trabalhar a seu favor. E para concluir, lembre-se de que se podemos sonhar também podemos tornar nossos sonhos realidade. Por isso, vivencie intensamente o seu sonho e faça a diferença, faça acontecer! Eu sonho grande e faço acontecer!

## JOVENS EMPREENDEDORES
### RAFAEL COSENTINO

# EMPREENDER, A ARTE DE FAZER O FUTURO

## RAFAEL COSENTINO

Formado em Engenharia Civil pela Escola de Engenharia Mauá. Em 2002 fundou com seu sócio a Inovalli Real Estate e Banco de Ideias, uma plataforma de negócios cujo objetivo é atender às variadas demandas do mercado de Real Estate. Apoiada por seu Banco de Ideias, realiza estudos e oferece soluções personalizadas a seus clientes nos serviços de arquitetura, engenharia e gestão de patrimônio. Empreendedor, além da Inovalli, já investiu em algumas *startups* e acompanha o mercado de tecnologia e inovação em busca de oportunidades e novos negócios.
Desde maio de 2016, assumiu a presidência do LIDE Futuro São Paulo, grupo formado por jovens empreendedores ou intraempreendedores.

rafael@inovalli.com.br
São Paulo/SP

## JOVENS EMPREENDEDORES

Quando falamos de empreendedorismo, nós sempre buscamos exemplos positivos, produtos que deram certo, ideias inovadoras, pessoas que acertaram tudo, afinal, quem gosta de sentir o gosto amargo da derrota? O que não se fala é o quão importante é errar e falhar. Somente em situações adversas aprendemos a buscar alternativas, novos caminhos, a tirar de onde não tem e colocar aonde não cabe. Empreender é uma equação de erros e acertos, onde o sucesso significa aprender com as nossas falhas e aproveitar as oportunidades através de boas escolhas.

Minha jornada como empreendedor começa no momento em que iniciei o curso de Engenharia Civil na Escola Mauá de Engenharia, como todo jovem que gosta de Exatas, eu estava decidido a fazer Engenharia Mecatrônica. Mas, após um semestre de contato com o mundo real e trabalhando na Inovalli, a empresa que ajudei a criar e atua no mercado imobiliário, onde desenvolvemos projetos de arquitetura, fazemos gestão de obras e desenvolvimentos imobiliários, eu decidi seguir para a Engenharia Civil. Hoje, tenho a certeza de que acertei nessa escolha, afinal, sou engenheiro Civil desde 2009 e estamos com 14 anos de Inovalli.

## DA EMPRESA

Um ano antes de entrar na faculdade, eu, meu sócio, Caio, e nossos pais fundamos a Inovalli, isso era 2002. Logo de cara aprendemos que não existe um livro de como montar o seu negócio, imagina se teria um de como ser bem-sucedido. Uma curiosidade é que o nome da Inovalli inicialmente era Interplanos, mas não conseguimos o registro da marca. Resultado, após dois anos de operação com esse nome nós recebemos uma notificação extrajudicial dizendo que alguém em 2003 tinha registrado o nome e a marca e que nós não poderíamos mais usar aquela marca ou, caso contrário, teríamos de comprar os direitos da marca. Eu acredito que foi algo positivo, afinal, Inovalli é muito melhor do que Interplanos, mas na época ficamos revoltados, pois se nosso contrato estava registrado na Junta Comercial, como a marca não estava? Aprendi o quanto é difícil e burocrático registrar uma marca no Brasil.

Outras duas lições envolvendo a Inovalli que me marcaram e acredito que fazem parte do caminho árduo de qualquer empreendedor:

• A primeira foi que, se a Inovalli é uma empresa que atua com construção civil e arquitetura, nós precisamos nos relacionar com órgãos públicos, afinal, faz parte do nosso trabalho obter licenças, autorizações, entre outros documentos, para liberar nossas obras, aprovarmos nossos projetos. No começo eu me lembro de que em uma conversa com meu sócio falei que não deveríamos ter relacionamento com os órgãos públicos, pois minha visão, na época, era que ter este relacionamento faria da Inovalli uma empresa fora do nosso controle. O que aprendi foi exatamente o contrário. Eu aprendi que é necessário e isso não significa que você deixará a sua ética, aliás, ao contrário, isso significa que você aprenderá os melhores caminhos dentro da lei e das regras para conseguir que os órgãos públicos trabalhem e emitam seus documentos e liberações, dentro do prazo legal e das suas necessidades.

• A segunda era que, além de ser uma empresa de Engenharia, nós precisávamos fazer a gestão da empresa, de pessoas, entre outras atividades. Após certo tamanho, surgem na empresa outras áreas, além de ser necessário fazer a gestão da conta bancária ou das emissões das notas fiscais para clientes. Outro item importante era um tal contador que preenchia as guias de impostos que deveríamos pagar, mas quem disse que estava certo, ou ainda, que era o melhor tipo de imposto, como saber desses assuntos naquela época? Nessa época, eu fiz um curso de finanças para não financeiros, sim, isso, você não aprende essa parte na formação em Engenharia. Ela me dava uma excelente cabeça para resolver problemas, mas de que adianta resolver um problema se você não sabe para que serve a solução ou se você não consegue compreender o problema? Foi duro, mas conseguimos aprender e organizarmos as diversas áreas não *core-business* da empresa. Nós temos no nosso DNA a obrigação e a vontade de fazer o certo.

## DAS PESSOAS

Entre os anos de 2007 e 2009, eu aprendi o que para mim é um dos pilares do desenvolvimento de um líder:

• **A arte é PESSOAS!**

Uma frase que solta pode não fazer sentido ou forte quando se entende que ninguém vence sozinho e que é importante entender que o resultado de qualquer negócio depende das pessoas envolvidas nele. Se você se cercar de pessoas ruins ou mal-intencionadas, você estará em uma situação ruim, além de fraco e despreparado para enfrentar os seus desafios. Já se você se cercar de pessoas medianas você será mediano, logo, não estará pronto para aproveitar as oportunidades quando elas surgirem ou não terá a capacidade de perceber quando este momento chegar. Uma vez que você se cerque de pessoas boas e preparadas, sua probabilidade de sucesso aumenta e a sua capacidade de perceber as boas oportunidades aumenta.

Ainda no tema pessoas, aprendi que com o passar do tempo a gestão de pessoas passa a ocupar mais a sua rotina ao invés da sua formação e isso não é algo significativamente ruim. Uma vez falei para uma colaboradora que ela iria perceber que com o tempo deixaria de ser arquiteta e passaria a ser gestora de pessoas, pois além de um profissional junto vem um ser humano, que chora, fica cansado, é afetado por problemas internos e externos, se frustra, fica feliz, cresce, quebra barreiras, se fascina, dorme mal, bebe, entre outras situações, e é a nossa obrigação como líder/gestor perceber quando algo interno ou externo ao trabalho pode afetar as tarefas do dia a dia dos nossos profissionais e auxiliá-los a vencê-los ou ainda incentivá-los a fazer o certo, pois nessa equação quando acertamos conseguimos colaboradores comprometidos, felizes e superefetivos. Vale lembrar que pessoas com problemas, geralmente, não rendem o esperado ou, pior, contaminam outros colaboradores, contribuindo para desestabilizar o ambiente de trabalho e a empresa.

Fazer o certo é muito importante e tem o seu valor, eu percebi que diversas pessoas às vezes se espelham em você, pelo simples fato de perceberem que você fez o certo, que você apesar dos problemas está feliz e tentando resolver seus problemas da melhor maneira possível. Todos os dias pela manhã, eu sempre chego de cabeça erguida e dou um sonoro "bom dia" a todos os colaboradores que encontro pelo caminho, é uma forma de mostrar o bom humor, vontade de fazer dar certo e o respeito por todos, mesmo que esteja caindo o mundo lá fora! Pessoas me fazem lembrar da importância da humildade, de manter os pés no chão e da consciência de que valores são inegociáveis, além de fazerem parte do nosso DNA e das pessoas que fazem parte do seu time.

## DOS VALORES

Eu aprendi desde cedo que os valores que norteiam os nossos empreendimentos/empresas não podem ser descartáveis nem mesmo dúbios, mas precisamos estar prontos para evoluir e aceitar as mudanças e transformações que o futuro nos reserva. Os colaboradores que estão dentro dos nossos projetos devem ter ao menos três partes do DNA da empresa no seu DNA. Assim, a afinidade entre empresa e colaborador é muito grande e isso é benéfico para ambos em longo prazo. Quando os DNAs são muito diferentes, colaborador e empresa caminham juntos por conta de um objetivo específico momentâneo, mas rapidamente as divergências aparecem e os caminhos se tornam opostos e até insustentáveis. Para o colaborador se torna um fardo trabalhar naquela empresa e para a empresa um erro dar tarefas para alguém que não quer cumprir. Este ponto eu também aplico para relacionamentos amorosos ou amizades, quantas vezes você acaba se afastando de alguém porque as suas ideias e vontades simplesmente não batem? Ou porque os caminhos e atitudes são diferentes dos originais que te fizeram encontrar essa pessoa?

Tudo é negociável, exceto os nossos valores! Se você estiver disposto a negociar seu caráter, sua ética, se prepare, pois as pessoas a sua volta também estarão e isso será nocivo ao seu negócio. Um empreendedor pode mudar de opinião em relação a determinado assunto, mas nunca deve infringir seus valores. Ser honesto é uma das coisas que aprendi desde cedo e que não existe meio certo, o que é errado é errado e o que é certo é certo. Honestidade e humildade são dois dos valores que eu considero mais importantes e com certeza são pontos que analiso durante uma entrevista de emprego ou até para ter alguém como amigo.

Uma espiral negativa se inicia quando você aceita infringir o certo para "ganhar" mercado ou algo em troca. O tempo do "rouba mas faz" precisa acabar, para vivermos um mundo novo, colaborativo, inventivo, associativo e conectado, onde fazer o correto e o melhor é obrigação, uma vez que fazemos parte do nosso ecossistema, meio ambiente e da sociedade.

Nas décadas de 70, 80, 90 era aceitável, não que fosse correto, uma indústria poluir, afinal, não tínhamos entendimentos claros do que era poluir, mas hoje, em pleno século XXI, isso é inaceitável. Nossa geração precisa ser responsável e protagonista das mudanças de que o nosso tempo precisa.

## DA ADAPTABILIDADE

Outro ponto que eu considero importante para um empreendedor é a rapidez com que ele consegue e precisa se adaptar às mudanças e inovações. De uma coisa tenho certeza, o tempo não para e todos os dias surgem novas ideias, novos concorrentes, novos produtos, coisas que podem afetar o seu negócio. Um bom exemplo é o filme fotográfico que em 20 anos praticamente desapareceu e foi substituído pelas câmeras digitais. Como empreendedor você precisa estar atento a todas as novidades do mercado que podem te afetar direta ou indiretamente e caso necessário incorporar essa tecnologia ou situação e se adaptar à nova realidade.

Este é um exemplo da importância que se adaptar faz no desenvolvimento de um empreendedor, no caso da Inovalli, nós estamos observando como a *internet* das coisas poderá interferir no futuro dos usos dos imóveis, sejam residenciais, sejam comerciais ou até industriais. De uma coisa temos certeza, que é a tecnologia, seja via aplicativos ativos ou robôs que transformarão as nossas residências ou espaços de trabalho. Eu sou um grande entusiasta de que através da inovação conseguiremos reduzir a pobreza, os desperdícios e, assim, ganharemos mais qualidade de vida. Isso desde a cadeia de construção/novos materiais até o uso do dia a dia.

## DO *NETWORKING*

Essa palavra entrou no vocabulário do mundo executivo em meados dos anos 2000 e graças ao crescimento da *internet*/redes sociais se tornou quase uma obrigação para todos os empreendedores. Quando entrei no curso de Engenharia, eu achava isso uma bobagem, algo desnecessário, coisa de moleque de 18 anos, afinal, os nossos clientes chegariam até o nosso negócio pela qualidade versus custo que nós estávamos entregando e não pelo relacionamento. O mundo corporativo me provou que estava enganado e que é muito importante se comunicar bem e conhecer pessoas e melhor ainda se forem as pessoas certas. Oportunidades acontecem a todo instante e cabe a você estar atento, identificá-las e aproveitá-las.

Se você não se apresentar para o mundo, o mundo não irá atrás de você, assim eu percebi que seria incapaz de ouvir as necessidades e anseios dos nossos potenciais clientes do mercado de real estate e com isso eu seria incapaz de entregar o melhor produto ou o produto desejado. No setor da construção civil, é normal você procurar indicação/recomendação antes de contratar, seja um projeto de arquitetura, sua obra, afinal, a relação custo x tempo para depois de contratada você voltar atrás pode sair muito caro ou demorar muito tempo além do planejado.

Desde 2014, eu faço parte de um grupo de jovens empreendedores, chamado Lide Futuro, cujo grande diferencial é ter na sua composição jovens que estão empreendendo novos negócios ou sendo intraempreendedores dentro de seus trabalhos ou empresas. Dentro desse grupo, já investi em duas *startups*, em minha opinião, revolucionárias, consegui investidores para alguns projetos da Inovalli e o mais importante é que conheci diversas boas pessoas com o mesmo espírito e vontade de fazer o certo e de mudar o País.

## DO EMPREENDEDORISMO

Uma pergunta que eu sempre me faço desde os meus 15 anos é:

– Onde você quer estar daqui a dez anos?

Todos os anos, eu respondia, às vezes até mais de uma vez por ano, mas sempre lutava para chegar à resposta, mesmo que ela não fosse o esperado. Posso dizer que nos últimos 15 anos essa resposta sofreu correções de rumo, mas nunca perdeu a essência do caminho que busco. Sempre pergunto para os meus colaboradores e acho muito importante quando percebo que alguns estão trilhando os seus caminhos em busca do sonho dos próximos dez anos.

Após todos os pontos elencados aqui, chego ao seguinte resumo sobre o que é empreendedorismo e algumas lições que acredito serem fundamentais:

Para empreender precisamos selecionar e nos cercar de pessoas boas, nos adaptar a novas realidades, mas nunca transgredir os nossos valores, além de nos relacionar com outras pessoas, sejam elas investidores, amigos, fornecedores, colaboradores ou clientes. Tudo isso sem desistir e ainda ser obstinado, mas não cego, para que, se necessário, alterar a rota que nos levará ao SUCESSO.

# JOVENS EMPREENDEDORES

## RICARDO POLITI

# PROATIVIDADE, COLABORAÇÃO E MUITO APRENDIZADO!

## RICARDO POLITI

Administrador de Empresas pelo Insper, com especialização pela USC, *Stanford, London Business School e Berkeley*. Iniciou sua carreira como consultor de investimentos e executivo comercial, atuando neste período também como membro voluntário do Comitê de Gestão e coordenador de Filantropia do LIDE Futuro (vertente jovem do LIDE - Grupo de Líderes Empresariais do João Doria Jr.). Atualmente, é cofundador do Broota Brasil, a primeira plataforma de *Equity Crowdfunding* da América Latina com operações no Chile e no Brasil, e sócio da Mindset Ventures, gestora com investimento em Aceleradoras no Brasil e um Fundo de *Venture Capital* cuja tese é investir em inovação no mundo, com especial foco nos Estados Unidos e Israel. Além disso, é membro do Conselho do Instituto Gerando Falcões, apresentador do programa televisivo MeuStart, na *Record News*, membro do Comitê de Políticas Públicas da Associação Brasileira de *Startups*, membro do YPO *Next Generation (Young Presidents' Organization)*, *Community Leader* do *Startup Weekend (Techstars)* e mentor do programa InovAtiva Brasil do Governo.

(11) 98255-1818
ricpoliti@gmail.com
São Paulo/SP

## JOVENS EMPREENDEDORES

*"Sozinhos podemos até chegar mais rápido. Mas juntos chegaremos mais longe!"*

Assim como plantar uma árvore, escrever um livro é uma das coisas que sempre achei fazer parte de uma longa lista de afazeres antes de deixarmos este mundo. Percebi, entretanto, se tratar de muito mais do que isso. Ao escrever um livro, estamos cravando na pedra um conhecimento ou experiência de vida que poderá se perpetuar por muitos anos. Se bem-sucedido, fará parte do legado que deixamos para as próximas gerações. Ao me aventurar neste livro, eu não tenho a prepotência de imortalizar minhas palavras, mas sim contaminar outros jovens com o vírus do empreendedorismo. Se ao menos uma pessoa decidir empreender após ler o testemunho de minha (ainda breve) jornada empreendedora, já terei tido sucesso em meu desafio. E são justamente os desafios que movem o empreendedor.

Parte do trabalho de ser um empreendedor se inicia na busca de inspiração nas pessoas que admiramos, na atração de mentores em quem confiamos e em conhecimentos específicos que, muitas vezes, serão os próprios livros que nos trarão. Hoje em dia, com o advento da *internet*, do *"crowdsourcing"* e da economia colaborativa, qualquer pessoa pode gerar conhecimento e compartilhá-lo com milhões de pessoas, de maneira gratuita e livre de interesses. Concordo que escrever é uma arte, e nem todos são artistas. Mas, se este pensamento fosse o senso comum, estaríamos desperdiçando um enorme capital intelectual por aí, afinal de contas, estamos na era da informação e do conhecimento. Então, mãos à obra!

Pra começar, é um privilégio me dirigir a você, leitor, seja quem você for. Meu nome é Ricardo Politi e tenho 29 anos, apesar dos cabelos precocemente grisalhos. No ensino fundamental, estudei em uma tradicional escola judaica, e no colegial mudei para o Colégio Bandeirantes, famoso pela competitividade e excelência no ensino. Confesso que não foi uma tarefa fácil me formar, e não, eu não ganhei menção honrosa ao final do curso. Mesmo assim, me garantiu a entrada em uma das melhores universidades do Brasil, assim como me tornou uma pessoa extremamente resiliente e focada em resultados.

Durante a faculdade de Administração no Insper, passei grande parte do tempo compenetrado nos estudos, uma vez que a universidade não nos permitia estagiar até o último ano, e quando chegou o momento de buscar um estágio me vi perdido no processo. Não apenas não sabia quais eram as habilidades que me tornavam único e que eu faria melhor do que os outros, como qual trabalho me traria felicidade e realização pessoal. Para resolver o dilema, eu tive de experimentar na prática, para que conhecesse os caminhos que queria seguir, assim como os que não queria. Nessa época, estagiei em uma agência de publicidade, em uma gestora de recursos e em uma consultoria de recrutamento. Após diversas tentativas, confesso que possuía mais dúvidas do que no início da busca.

Isso me gerou grande ansiedade, e apenas anos mais tarde eu perceberia o quanto cada uma dessas experiências agregou para quem eu sou hoje. No último semestre, eu tive a oportunidade de escolher matérias eletivas, e foi aí que minha paixão pelo empreendedorismo surgiu. Naquela época, o empreendedorismo de alto impacto, do tipo que gera inovações disruptivas e quebram paradigmas, era extremamente incipiente no Brasil. Entretanto, o sucesso de empresas de tecnologia no Vale do Silício atraiu a atenção dos mais bem conectados, e o cenário de *startups* inovadoras começou a se movimentar no País.

Depois de formado, fui contratado por uma consultoria de investimentos, que me garantia desafio pessoal e um salário que bancava as contas do mês. Mas algo estava faltando, e como um bom leonino eu não ficaria parado esperando a oportunidade bater na porta. Decidi me movimentar, e passei a fazer parte de grupos empresariais tendo como objetivo adquirir novos conhecimentos, expandir meu *networking* e buscar um propósito de vida. Nesse processo, me envolvi com o grupo de filhos de empresários do Young President's Organization, me filiei ao Instituto de Formação de Líderes e me tornei um associado do Nexus Global Youth Summit da ONU (Organização das Nações Unidas). Além disso, fui convidado para ser membro do Comitê de Gestão do LIDE Futuro, um braço que havia sido recém-lançado para jovens do LIDE, Grupo de Líderes Empresariais do João Doria Jr.

Nestes encontros, pude perceber a importância do relacionamento no mundo empresarial. Se, no passado, para se começar uma empresa era necessário uma ideia, capacidade de execução e recursos financeiros, hoje ter uma forte rede de contatos lhe garante excepcional agilidade, fator importantíssimo em um mundo tão competitivo. Mais do que isso, sempre entrei nas conversas de coração aberto, pois sabia que grandes ideias poderiam surgir ao ouvir os outros, e as grandes epifanias acontecem quando estamos antenados e interagindo com o mundo. Outra agenda importante nestes encontros era a busca pelo conhecimento nas palestras e *workshops*, além de cursos executivos de especialização que realizei na *University of Southern California, Stanford University, London Business School e UC Berkeley*.

No período em que fui do comitê do LIDE Futuro, eu pude entrar em contato com habilidades minhas que eu desconhecia. Grande parte do meu escopo inicial era a atração de novos filiados e captação de patrocínio. Sendo meu trabalho na consultoria extremamente operacional, grande parte das minhas atribuições era dentro do escritório rodando modelagens financeiras, e raramente tinha a oportunidade de atuar na atração de novos parceiros e clientes. Quando descobri estas minhas qualidades comerciais, e o quanto isso me trazia realização pessoal, não perdi tempo e pedi demissão. Passei a buscar, então, um emprego que me permitisse desenvolver o relacionamento interpessoal, e acabei me tornando executivo comercial em uma *trading company*.

Durante os anos subsequentes em que permaneci no comitê do LIDE Futuro, muitas outras descobertas aconteceram, que agregaram para minha vida pessoal e profissional – e por isso sou extremamente grato ao LIDE e ao João Doria Jr. pela oportunidade de ter feito parte deste importante movimento empresarial no Brasil. Nos últimos anos, fui responsável pelo lançamento e desenvolvimento da área de Filantropia e Solidariedade do grupo, privilégio este que me levou ainda mais próximo do terceiro setor, e hoje continuo ativamente com este trabalho como membro do Conselho do Instituto Gerando Falcões, do querido amigo Edu Lyra, o qual atua com o resgate da autoestima de jovens da periferia de São Paulo.

Mas você deve estar se perguntando: onde empreendedorismo entra nisso tudo? Empreender é uma atitude, é um estilo de vida. Você pode ser um empreendedor mesmo sem ter um CNPJ. Você pode tanto empreender na sua vida familiar e pessoal, como também ser um intraempreendedor dentro de uma grande corporação. A atitude empreendedora foi o que me deu força de vontade e proatividade para me lançar nas mais diversas portas que se abriam ao longo do caminho. Parafraseando Steve Jobs, os pontos sempre se conectam no futuro: tudo que você fizer hoje estará somando para te levar para outro patamar no futuro, mesmo que no momento pareça desconexo.

Confesso que a estabilidade do emprego me sabotou muitas vezes, e diversas oportunidades de empreender passaram e eu não as agarrei. A mais frustrante delas, inclusive, se provou anos mais tarde como um negócio de sucesso nas mãos de outros empreendedores, após eu e uma amiga desistirmos de lançar a ideia pro mercado. Mesmo assim, o sonho de empreender ainda existia em mim, e foi o que me fez aceitar o convite de um amigo para participar de um experimento de "empreendedorismo relâmpago", no qual 35 pessoas se juntariam durante um final de semana com o objetivo de idealizar um negócio digital na sexta-feira e lançá-la em sua versão beta no domingo. A experiência foi marcante para mim, e esta serendipidade refloresceu a minha paixão pelo empreendedorismo de tal maneira que, mais uma vez, instintivamente pedi demissão sem hesitar.

Grande parte do espírito empreendedor está em tomar riscos, e dar passos no escuro. Fiz uma reserva de capital que pudesse manter meus custos pessoais por seis meses sem precisar de um salário, pois queria me dar tempo para olhar o mercado com calma e decidir qual seria a grande empreitada que lançaria. Nesse meio-tempo, meu pai tomou conhecimento durante um encontro empresarial em Londres de um modelo de negócio inovador chamado *"Equity Crowdfunding"*, que se baseava na captação de recursos para empreendedores através do investimento coletivo. Ao comentar comigo sobre sua descoberta, me lembrei de já ter conhecido o fundador de uma das principais plataformas do tipo nos EUA durante um *Entrepreneurial Summit* na Califórnia em 2013. Iniciei, então, uma extensa pesquisa sobre o desenvolvimento deste mercado no mundo, e descobri duas plataformas que estavam tentando lançar este conceito no Brasil.

Agendei uma reunião com os empreendedores das duas empresas, pois os caminhos que via seria ou me juntar a uma das iniciativas já em andamento ou entrar no mercado para concorrer com eles. No primeiro encontro com Frederico Rizzo, idealizador do Broota, ele comentou sobre como havia surgido a ideia de lançar o *"Equity Crowdfunding"* no Brasil. Disse ter acompanhado o movimento de regulação deste tipo de operação pela Securities and Exchange Commission (SEC) no mercado americano enquanto cursava seu MBA por lá, e que já havia lançado a plataforma no Chile com um amigo chileno pouco tempo antes, sendo esta a primeira plataforma do tipo na América Latina. Ao terminar a pós-graduação, retornou ao Brasil com o objetivo de lançar a plataforma por aqui, me contando de todos os desafios regulatórios que a Comissão de Valores Mobiliários (CVM) impunha, e era por isso que ninguém havia se aventurado neste mercado por aqui.

Em sua análise, o Brasil era o país mais propício da América do Sul para um negócio como este vingar, dado o tamanho da economia aliado à enorme dificuldade de empreendedores levantarem recursos para suas empresas, e que democratizar o acesso a capital semente era fundamental para fomentar inovação no País. Ao longo das diversas reuniões que tivemos, percebemos que pessoalmente compartilhávamos de muitos valores, já que por muitos anos ele dedicou sua vida para sua ONG. Mais importante ainda, a complementaridade de habilidades era inegável, sendo ele uma pessoa extremamente técnica e analítica, e eu habituado com relacionamento interpessoal, tanto de forma comercial como institucional, além de possuir um importante ativo adquirido durante estes anos de estrada: uma rica rede de contatos. Ao se lançar qualquer negócio, é imprescindível montar um time forte e multidisciplinar, então ficaram nítidas as potenciais sinergias de nossa parceria.

Desde que me juntei ao Fred para fundar o Broota Brasil, temos vivenciado muitos desafios em nossa jornada. Ser pioneiro em um mercado altamente regulado não é uma tarefa fácil, e o frio na barriga é constante. Tivemos assessoria jurídica *pro bono* de grandes escritórios de advocacia (Pinheiro Neto, Machado Meyer e Felsberg Advogados) a fim de viabilizar com a autarquia reguladora do mercado de capitais este tipo de operação no Brasil. Fomos pioneiros ao lançar em 2014 a primeira oferta pública direta de valores mobiliários através da *internet*, e dois anos depois nos alegra saber que nós já possibilitamos que mais de 30 empresas inovadoras captassem cerca de R$ 10 milhões para desenvolver suas ideias através de mais de mil investidores (que se tornaram sócios destas empresas nascentes de forma democrática, investindo valores a partir de apenas R$ 1 mil como na Bolsa de Valores). Além disso, nos orgulha ter impactado na agenda do País, uma vez que nosso trabalho de "*lobby*" na CVM culminou na recente criação de uma regulação específica para a modalidade no Brasil, cuja instrução normativa encontra-se atualmente em audiência pública a fim de entrar em vigor já em 2017. Isto trará a segurança necessária para este mercado crescer no Brasil.

No mundo, o financiamento coletivo, em suas diversas modalidades, já é uma realidade, e estudos apontam que em breve o "dinheiro da multidão" será a principal fonte de financiamento para empresas, ultrapassando o volume investido por fundos institucionais. Este dado demonstra o empoderamento das pessoas, e o quanto as relações estão mais horizontais e igualitárias. O combustível que nos move é saber que estamos promovendo o empreendedorismo no Brasil, permitindo que mais pessoas tirem suas ideias do papel e suas empresas não morram por falta de recursos financeiros. Sabemos que novas ideias podem mudar o mundo, mudar a vida das pessoas para melhor, e queremos não apenas fomentar inovação, como fazê-las "brotarem". E este nosso compromisso com a geração de valor compartilhado e responsabilidade no impacto social está inclusive formalizado em nossa certificação como uma Empresa B (Sistema B).

Finalizo, reiterando a importância de se estar aberto às oportunidades que batem na nossa porta. O foco é essencial para qualquer negócio dar certo, mas sinergias existem e devem ser aproveitadas. Este ano, fui convidado para apresentar um programa televisivo na Record News chamado MeuStart, no qual entrevisto jovens empreendedores. Assim como escrever este capítulo, a experiência foi desafiadora, mas sem dúvida é muito gratificante poder democratizar conhecimento e contaminar jovens no Brasil todo com o vírus empreendedor, inspirando-os a sair de sua zona de conforto e quem sabe criar soluções para importantes problemas de nossa sociedade. Mais recentemente, me tornei sócio de uma gestora que congrega a operação da Acelera Partners no Brasil e da Mindset Ventures nos Estados Unidos. A Acelera Partners é o braço de investimentos da Microsoft no Brasil, que além de acelerar *startups* de forma direta também é o maior acionista da Aceleratech, eleita a melhor aceleradora da América Latina. Já a Mindset Ventures possui um Fundo de *Venture Capital* que tem como tese investir em tecnologias promissoras no mundo, em especial, nos Estados Unidos e em Israel.

Despeço-me deixando um fraterno abraço para você, que despendeu de seu ativo mais precioso – o seu tempo – para conhecer a minha jornada empreendedora. Espero que esta leitura não seja a sua última, e se me permite, vou sugerir três livros que mudaram a minha forma de pensar: *"The Hard Thing about Hard Things"*, de Ben Horowitz, "Capitalismo Consciente", de John Mackey e Raj Sisodia, e *"The Singularity Is Near"*, de Ray Kurzweil. Empreender não é uma tarefa fácil, é necessário muita resiliência, mas a jornada empreendedora é algo inexplicavelmente recompensador. Se a sua ideia não der certo, parta para a próxima, pois saiba que empreendedores de sucesso muitas vezes quebram diversas empresas até acertar, e o diferencial deles é sempre ver isso como um aprendizado e não um fracasso. Mas, principalmente, nunca perca a força de vontade, pois como já disse um mentor meu citando Walt Disney: "If you can dream it, you can do it!" Dedico este capítulo a todos que estiveram presentes em minha trajetória até hoje, contribuindo de alguma forma para que eu chegasse até aqui. Obrigado aos meus mentores, amigos e familiares. Juntos, chegaremos mais longe!

# JOVENS EMPREENDEDORES
## RODRIGO BARROS

# VOCÊ É AQUILO QUE VOCÊ FAZ

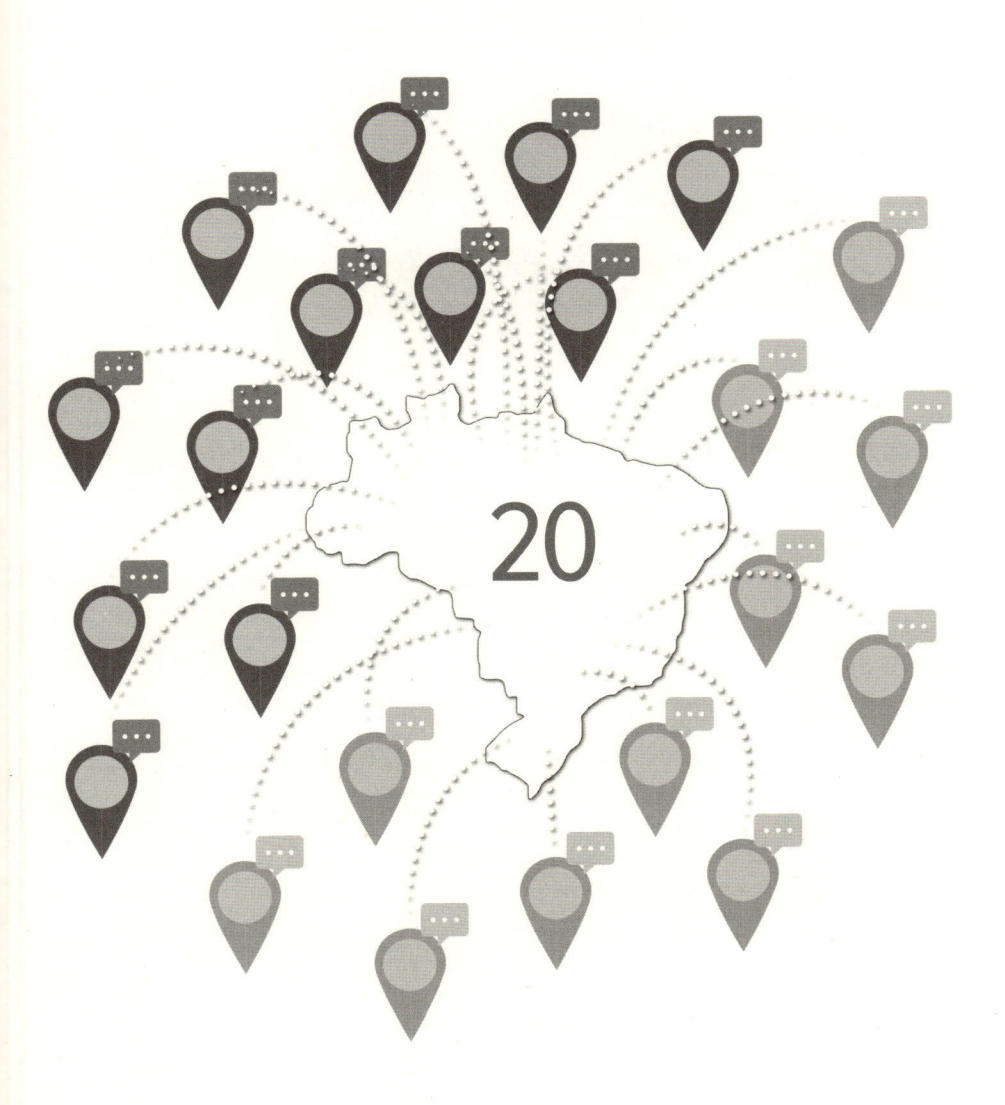

20

## RODRIGO BARROS

Dos campos de futebol ao Vale do Silício, é apaixonado por gente e por inovação, e vem decifrando o *mindset* das pessoas e dos ecossistemas mais inovadores do mundo para cumprir seu propósito maior de transformar sonhadores em realizadores.

Em 2013, fundou no Vale do Silício a *HandsOn* TV, uma plataforma de vídeo na vertical do empreendedorismo, hoje presente em mais de 130 países. Em 2014, idealizou e realizou na Europa uma competição de *startups* chamada *HandsOn Startup Tour*. A primeira edição reuniu cinco eventos em quatro países. Em 2015, atingiu nove eventos em oito países, levando-o a morar por quatro meses em Berlim. O modelo inédito transformou o *Startup Tour* na maior competição do gênero na Europa. Em 2016 foram dez países, e a iniciativa caminha para se tornar global. No Brasil, já empreendeu em vários setores e hoje é sócio da rede de franquias Boali de alimentação saudável, que deve chegar a 80 lojas em 2017.

Em agosto de 2016, Rodrigo lançou seu primeiro livro, intitulado "Versão Beta - Decida ser incrível". A obra permaneceu por várias semanas em primeiro lugar em vendas na categoria Negócios da Livraria Cultura e figurou no top 10 da revista Veja. "Versão Beta" procura desvendar e estruturar o modelo mental que rege os ambientes inovadores e os mais notáveis empreendedores da atualidade, visando tornar este conhecimento útil e aplicável à vida daqueles que desejam assumir o protagonismo de suas histórias e realizar seus sonhos.

(11) 3629-3434
livro@rodrigobarros.com.br
www.rodrigobarros.com.br
São Paulo/SP

## JOVENS EMPREENDEDORES

Eu sou Rodrigo Barros. Brasileiro, 35 anos, marido da Mari e pai do Rodriguinho. Sou um apaixonado pela vida, um curioso nato, uma pessoa obcecada pelo meu propósito maior de transformar sonhadores em realizadores. E, para realizar esse propósito, eu compartilho meu legado vivo, a minha versão sempre beta, meu modelo mental sempre em evolução. Para falar de legado, creio que a melhor maneira é contar um pouco da minha história, porque eu acredito que somos aquilo que fazemos e só podemos falar daquilo que vivemos.

## FOQUE EM SUAS FORÇAS

Aos 13 anos, em 1994, eu fui ser jogador de futebol. Joguei profissionalmente em vários clubes no Brasil e, aos 16 anos, tive a oportunidade de conhecer outros países. Joguei nos Estados Unidos, Alemanha e Portugal. Morando sozinho e longe da minha família, precisei aprender a tomar decisões e fazer escolhas difíceis, o que me rendeu muitos aprendizados. Um deles foi sempre ter um objetivo muito claro. Afinal, quando você entra em campo só tem um objetivo: fazer gol!

Eu vivi essa atmosfera até meus 22 anos, e com o futebol também aprendi a importância do trabalho em equipe e de focar nas minhas forças e não nas minhas fraquezas, uma das mais fortes premissas de construção do meu legado. Num time, cada um tem uma força, e a soma delas com a visão tática do líder é que vai fazer a diferença. Então, aqui vai minha primeira dica: foque em suas forças! Você pode ser incrível se colocar sua energia naquilo que é muito bom!

A oportunidade de morar em outros países começou a me dar novas perspectivas. Sim, porque as nossas decisões são baseadas em nossas perspectivas. Então, se você não experimentar coisas novas não ampliará o seu modelo mental e a tendência será repetir o que aprendeu no seu meio. Quando você aumenta o seu repertório de experiências, expande o seu modelo mental e, logicamente, sua capacidade de tomar decisões diferentes.

A partir desse aprendizado eu fui percebendo que, para alcançar um sonho em que a gente acredita, é preciso fazer escolhas e abrir mão de outras possibilidades. Muitas pessoas possuem bons propósitos, mas não alcançam o que desejam porque na hora da execução não querem abrir mão de outras coisas para focar em seu plano, e isso é um muito importante.

## TOME A DECISÃO DE SER INCRÍVEL

Voltando ao futebol, em 2003 eu estava disputando pelo Ovarense o campeonato português na segunda divisão e em determinado momento tive um problema no tornozelo. Foram 40 dias de tratamento e, mesmo assim, o médico disse que seria preciso fazer uma cirurgia. Pensei: "Já estou jogando a segunda divisão do campeonato português, e uma cirurgia a essa altura vai me mandar direto para a terceira divisão". Naquele dia eu tomei a primeira grande decisão da minha vida, e não foi a de parar de jogar futebol, foi a de não ser medíocre. Aos 15 anos eu tinha sido vendido para o Corinthians. Com 17 fui campeão pelo Internacional de Porto Alegre e imaginava que fosse jogar no Milan ou no Barcelona. Eu não queria ser um jogador medíocre! Não aceitava isso para mim. A partir daquele dia decidi que, em qualquer coisa que eu fosse fazer na vida, eu seria incrível.

Tenho certeza de que você é melhor do que eu em alguma coisa. Você é melhor do que muita gente desse planeta em alguma coisa. Só precisa descobrir o que é e empoderar-se dessa força. Você é o único responsável por tudo que acontece em sua vida. Sabendo disso, seja lá qual for o momento que está vivendo, assuma as rédeas.

**"Diga-me com quem andas, que eu te direi para onde vais."**

No final de 2004 eu ouvi essa frase que redirecionou meu propósito.

Se eu queria ser um cara incrível, precisava conviver e aprender com pessoas que estavam realizando coisas incríveis. Nessa época, eu assistia um programa na TV que se chamava *"Show Business"*, do João Dória Jr. Toda semana ele entrevistava dois dos maiores executivos do Brasil. Eu pensei: "É isso que vou fazer da vida, entrevistar pessoas de sucesso. Assim, eu vou conviver com elas, entender o que elas comem, como se vestem, o que pensam." Eu ainda não sabia como, mas sabia que se eu estivesse com esses caras eu seria levado para cima.

Foi o que aconteceu em 2005: comecei um programa chamado "O Segredo do Sucesso". Só lembrando que eu havia ouvido a frase em dezembro de 2004 e em junho de 2005 eu estava no ar. Como eu consegui? Fui fazer teatro (ampliar minhas habilidades) e corri atrás, porque a execução é o mais importante. Não adianta você ir a uma palestra, ler um livro e aprender teorias se continuar tendo o mesmo comportamento. O que conta é o que você vai executar a partir de sua decisão. Tem sempre alguém que me pergunta: "Rodrigo, quem ajudou você?" Primeiro, eu me ajudei, e quando você se ajuda, encontra muitas outras pessoas que se unem a você.

Um mês depois de fazer o curso de teatro eu cheguei pra um cara que tinha um jornal lá em Guarulhos e falei: "Você tem esse jornal, vende patrocínio e ganha um bom dinheiro. Eu vou ser apresentador de televisão, você vai me contratar e montar um programa para me colocar lá, na TV". Ele respondeu: "Eu não te contrato, mas compro o espaço na TV e te coloco lá, topa?" Claro que eu topei!

Ele realmente comprou um espaço de 30 minutos, e desses ele me deu sete. Novamente eu parti para a ação. Em um mês aumentei minha participação para 15 minutos e em três meses eu consegui patrocinadores para bancar os 30. Desde que você tenha um propósito grande e que suas ações estejam alinhadas com ele, alguém sempre vai acreditar em você.

Enfim, eu fiz carreira como apresentador de televisão por oito anos. No período também lancei uma revista chamada Segredo do Sucesso. Dois anos depois montei um negócio chamado Fórum Empresarial Regional, com o qual eu fazia 40 eventos em dez cidades de São Paulo e obtive muita repercussão. Foi quando as coisas começaram a mudar de tamanho para mim. Eu vendi esse negócio para a maior empresa de eventos do mundo, e com os recursos me tornei sócio de uma faculdade em Guarulhos e de uma a empresa de painéis eletrônicos, que vendi em 2015.

Eu tinha projetado estar com aqueles caras e estive. Financeiramente eu estava muito bem. Eu já tinha várias empresas, tinha comprado o carro dos meus sonhos, voava de helicóptero para todos os lados, era convidado para os maiores eventos do Brasil; parecia um sonho. Mas foi então que percebi, aos 31 anos de idade, que queria ir além. Qual seria o próximo estágio? Era a pergunta que eu me fazia. Aqui vale dizer que durante todo esse período não parei de aprender. Desde 2008 eu ia para a NRF Big Show (National Retail Federation) em Nova York, o maior evento de varejo do mundo. Essa feira trazia muito pouco de tecnologia até 2010. Depois, o tema ganhou mais espaço e em 2011/2012 era só do que se falava. Foi então que pensei: "Tenho que entender de tecnologia", pois as empresas de varejo tendiam cada vez mais a se tornar empresas de tecnologia. E onde estavam os feras nesse assunto? Foi aí que ouvi falar no Vale do Silício e que lá tinha gente mudando o mundo.

RODRIGO BARROS

## O MODELO MENTAL DO VALE DO SILÍCIO

Eu arrumei as malas e fui para o Vale com minha esposa aprender com aqueles caras a ser um empresário global. Chegando lá, eu levei um choque! As coisas eram muito simples, muito diferentes do meu modelo mental. A primeira coisa que fiz foi comprar um carrão. Só que lá as coisas funcionam de outra forma e eu precisei transpor minha arrogância para absorver o significado da simplicidade naquele ecossistema. Cinco meses depois, eu vendi o carro e passei a andar de bicicleta. Estava começando a aprender!

Meu projeto, a princípio, era fazer um documentário sobre empreendedorismo e inovação. Assim eu conheceria muita gente. Aproveitaria todo meu background de televisão e de apresentador para fazer um documentário diferenciado sobre aquele ecossistema e teria um grande progresso em relacionamentos por lá. Quando comecei de fato a fazer as entrevistas percebi que o Vale estava aberto para me receber e que me apresentava outras possibilidades. Meu propósito foi ampliado pelo impacto daquela cultura e, em três semanas, a ideia já evoluíra para uma Web TV. Criaríamos o conteúdo no Vale e distribuiríamos para o mundo. Nascia a HandsonTV. Seis meses depois formalizei a empresa que foi transformando-se no negócio de tecnologia que é hoje.

No Vale do Silício, o ecossistema mais disruptivo do planeta, não é o dinheiro quem dita as regras. Lá as pessoas não estão preocupadas em ganhar dinheiro, elas se preocupam em ter dinheiro como uma ferramenta para construção de coisas incríveis. Aquela cultura mudou minha mentalidade.

Percebi que tais pessoas que fazem coisas incríveis no mundo sempre o fazem pelo seu legado. Quando eu comecei a Handson eu ainda não tinha a visão de legado. Mas já pensava que queria contribuir para a transformação do indivíduo, que consequentemente transforma o ambiente, que transforma a cultura e essa cultura faz nosso legado ser mais forte. Hoje a HandsonTV está em 140 países.

Era outubro de 2013. No Vale eu frequentava muitos eventos e competições de *startups* e geralmente davam cinco minutos para o concorrente falar e, depois de um minuto, a pessoa travava, já não sabia mais o que dizer. Percebi uma oportunidade de criar uma competição diferente. Eu precisava entregar para esses caras uma coisa que eles não tinham, com o repertório que eu adquiri fazendo o Fórum Regional e com minhas habilidades em *pitch*. Criei uma competição de *startups* chamada Pitchit, que foi um tremendo sucesso. Comecei por ali, mas minha visão já era criar uma competição onde pudesse levar o modelo mental do Vale do Silício para o resto do mundo. Encontrei barreiras e "nãos" durante a caminhada, mas consegui encontrar parceiros que me deram seu voto de confiança. Do evento no Vale surgiu a oportunidade de fazer uma competição na Europa. Em 2015 e 2016 as edições desse evento ocorreram em oito países e a *HandsOn Startup Tour* é hoje a maior competição de *startups* da Europa. Só temos evoluído.

Minha ida ao Vale me deu uma curva de aprendizado exponencial. Essa é uma palavra que se aplica bem ao Vale do Silício: exponencial. Ninguém quer resultados medíocres lá. Porém, não aconteceu por sorte. Eu acredito que quando a gente começa a se preocupar com o legado aprende que ele é mais importante que o dinheiro, e desde quando comecei a fazer essa reflexão as coisas começaram a acontecer na minha vida numa escala muito maior. Quando entrego valor às pessoas elas me devolvem valor, e isso é uma coisa incrível, porque dá relevância e significado a tudo que realizamos! Ao seguir nossas convicções e realizar nossos propósitos deixamos um legado precioso.

Em meu livro "Versão Beta", falo dos 5 Ps que desenvolvi para compartilhar as premissas que acredito serem a base para que possamos deixar de ser apenas sonhadores e nos tornemos realizadores. Eu as compartilho agora com você:

• **Propósito:** o que me motiva e direciona;

• **Paixão:** o que me impulsiona, o meu combustível;

• **Protagonismo:** assumir as rédeas da minha vida;

• **Progresso:** o que evoluo e acrescento de novos recursos a minha jornada;

• **Paciência:** resiliência e persistência indispensáveis para realizar meus sonhos.

Lembre-se de que a vida está longe de ser uma corrida de 100 metros. Ela é uma verdadeira maratona e o que importa não é como ela começa, tampouco como ela termina, mas como você decide viver a sua jornada. Faça o melhor da sua jornada e esteja sempre em Versão Beta: curioso e pronto para aprender!

## JOVENS EMPREENDEDORES
### TANIA GOMES

# *UNBREAKABLE*

## TANIA GOMES

É fundadora e CEO da www.33e34.com.br, primeira loja brasileira exclusiva para mulheres de pés pequenos e considerada pela Exame PME uma das 15 empresas mais inovadoras de 2015.
Administradora, pós-graduada pela FGV, com experiência em *marketing* e negócios.
Antes da 33e34 teve passagens por Renault, Rede Globo e Minancora SA. Também foi cofundadora da UnderDOGS e Infracommerce. Palestrante ocasional, atua como mentora em projetos do ambiente empreendedor paulistano.
Tem 41 anos, é corredora amadora e vive em São Paulo com o marido e seus dois *schnauzers*.

tania@33e34.com.br
São Paulo/SP

## JOVENS EMPREENDEDORES

– Quer experimentar o microfone?

A produtora do evento fez a pergunta com a naturalidade de quem pergunta se você prefere açúcar ou adoçante.

– Não. Quero pegar minha bolsa e ir pra casa.

Minha resposta, também natural, seria essa. Mas esse medo ficou comigo. Peguei o microfone e caminhei até o palco.

Era uma tarde de novembro de 2015. O evento que começaria em minutos, chamado Investor Day, tinha o objetivo de trazer mais investimento para a 33e34, apresentação para 100 investidores, um *round* para captação, ao vivo, de 200 mil reais.

Era meu primeiro *pitch* num palco para uma plateia.

Minha família é empreendedora. Até os nove anos morei em Campinas (SP), quando mudamos para Curitiba (PR), porque meus pais nos queriam longe da violência e com boa educação. Então passei os cinco anos seguintes estudando num colégio católico. Não há como descrever Irmã Maria José e sua rigidez de princípios. Essa foi a primeira grande mudança na minha vida. Saí de um colégio estadual bagunçado e entrei num em que era proibido esmalte.

Aos 12 já ajudava meus pais na panificadora da família. Às 5 horas da manhã já estávamos lá, para checar se o padeiro tinha feito um bom trabalho. Logo descobri que um bom pão dependia da qualidade da farinha, mas, principalmente, da dedicação de quem o preparava.

Uns dois anos depois, quando eu já amava o negócio, meus pais venderam a panificadora e compraram uma marcenaria. O choque da mudança foi terrível. Mas logo aprendi a amar os móveis, as ideias malucas que os clientes traziam e achei mesmo que seria *designer* de móveis.

Pouco mais de um ano depois, meu pai concluiu que o negócio era ruim, vendeu e comprou uma fábrica de sorvetes. Outro recomeço, outro duro período de aprendizado.

Tenho de confessar que a cada mudança eu odiava tudo. Ao menos nos primeiros meses.

Só muito tempo depois, já adulta, entendi o quanto essas experiências foram ricas. Entendo que meus pais, em sua simplicidade e coragem, me ensinaram algo que não tem preço: sonhar, se desafiar e aproveitar esses momentos. Cresci vendo que era possível começar algo novo e, se não desse certo, mudar.

Aos 15 anos quis dar meu grito de independência, com um bar na praia, com o namorado. Meus pais não concordavam, mas depois de muita insistência me emanciparam. A aventura empreendedora durou dois meses. Obviamente, a praia é mais divertida sem ter de lavar milhares de copos.

Minha alma empreendedora adormeceu. Depois desse verão-empreendedor-frustrado decidi fazer um ensino médio técnico. Passei em dois cursos: magistério no tradicional Instituto de Educação do Paraná e mecânica, no Cefet.

Fiz magistério. Até hoje tenho dúvidas da minha escolha. Mas terminei o curso. Minha paixão por ensinar durou pouco mais de um ano. Acordando às 6 horas, dando aula em dois colégios, e fazendo cursinho à noite, o resultado não poderia ser outro: não passei no vestibular.

Mas percebi que eu nem sabia direito o que queria fazer na faculdade e nos dois anos seguintes experimentei algumas atividades. Primeiro vendendo cursos de informática e depois cursos de inglês. Confesso que foi uma fase divertida. Eu adorava bater metas. Era fácil. Foi bem rápido chegar à supervisão.

Minha vida tomou novo rumo enquanto trabalhava numa escola de Inglês. Lá conheci a primeira grande mentora da minha vida profissional. Ela era gestora de RH e me convidou para trabalhar numa grande empresa de TV a cabo. Desse trabalho, ficaram alguns amigos e também uma das maiores decepções.

Aconteceu que um ano depois de entrar na empresa passei no vestibular de Administração numa faculdade tradicional (e cara). A universidade exigia o pagamento da primeira mensalidade e matrícula, numa parcela única, e eu não tinha dinheiro pra isso. Eu já morava sozinha. E não queria pedir a minha família, que também não estava num bom momento. Então fiz a proposta ao meu gestor: adiantar minhas férias para eu pagar a matrícula. A resposta dele foi cruel: a empresa não faria adiantamento, porque ele sabia que nos meses seguintes eu não teria como pagar o curso e desistiria.

Sim. Um homem que não sabia nada da minha vida decidiu que eu não conseguiria fazer faculdade. Pedi minha demissão no dia seguinte e com a rescisão fiz minha matrícula.

## JOVENS EMPREENDEDORES

Aquela mesma fada madrinha do emprego anterior me deu a oportunidade de participar de processos seletivos numa indústria automobilística. Não passei no primeiro. Mas passei no segundo. E fui trabalhar com a segunda mulher mais incrível que conheci: Margarida Portela, uma portuguesa firme e inteligentíssima. Ela nos deixou há alguns anos, mas me ensinou que, mesmo numa bancada com dez engenheiros mecânicos, eu poderia (e deveria) defender meu espaço, me deu autonomia, me mostrou que ser reconhecida por sua competência não depende de gênero, mas de oportunidades iguais.

Depois dessa experiência, que durou quatro anos, ainda insisti na carreira corporativa e passei por uma rede de TV, pela indústria cosmética e depois por agências digitais.

Foi em 2011 que aceitei empreender novamente. Tive a sorte de trabalhar com o melhor sócio: meu marido, Tiago Luz. Ele saindo de um grande grupo de mídia, eu saindo de uma perda pessoal profunda.

Criamos uma agência de *marketing online*, chamada underDOGS, que com um ano era tida como uma das agências com maior potencial no mercado brasileiro. Nossa decisão de empreender juntos teve muito sucesso, mas também deu margem para o preconceito tão comum quando casais trabalham juntos. Os comentários eram que eu só estava lá por ser a esposa. Era um questionamento velado de tudo que eu propunha.

Tiago sempre foi um gigante na minha defesa. Se tem alguém no mundo que sempre acreditou na minha competência foi ele.

Quando, ao final do segundo ano, aceitamos uma proposta de fusão, e entrada num negócio maior, acreditei que meu espaço estaria finalmente conquistado. Ingenuidade minha, claro.

A última frase que ouvi, antes de decidir vender minhas ações, foi que era complicado ter uma mulher no *boarding* da empresa. Eu era a única num grupo de oito sócios. Isso não aconteceu no século passado. Era 2013.

A saída foi traumática. Ao fim de um mês de advogados, contratos e distratos, eu estava exausta. Queria distância de tudo.

E foi o momento perfeito para um sonho antigo: um sabático. Fiz as malas e fui morar em Nova Iorque. Sozinha. Liberdade de papéis, de responsabilidades, de cobranças. Era só uma estudante-turista no inverno novaiorquino.

Durante todas essas aventuras da minha vida (sim, tenho de admitir que minha vida tem muita aventura), uma dor sempre me acompanhou: o tamanho do meu pé. Apesar de gostar dos meus pés, eles medem 21 cm. Com esse tamanho, meus sapatos têm que ser 33.

E quem tem pé maior não pode imaginar a dificuldade que é encontrar sapatos adultos nessa numeração. Num país em que a indústria dedica apenas 3% da sua produção a esse público, é uma loteria encontrar alguma coisa bonita para calçar.

Lembro-me claramente do *day1* da 33e34. Era 2011, semana antes do Natal. Eu só queria uma sandália 33 prateada, para o Ano Novo.

Foram três shoppings, inúmeras lojas, várias vendedoras aconselhando procurar na sessão infantil, onde acabei comprando uma sandália feia e triste.

A frustração da volta pra casa com um arremedo de sapato, junto com um marido criativo, foi o início de tudo. Ele me perguntou por que eu não comprava num *e-commerce* e pesquisando percebemos que não existia nenhuma loja especializada, nenhum *e-commerce*. Nada.

Naquela mesma tarde registramos o domínio: www.33e34.com.br. Mas, com a agência começando, não havia tempo (nem dinheiro) para investir nessa ideia.

No início de 2014, quando voltei ao Brasil, resolvi que era hora de dar vida ao sonho.

Convidei pra 33e34 um especialista em *e-commerce*, o Tiago, um especialista na indústria calçadista, o Rodrigo, e um especialista em logística, o Pavão.

Com sócios assim, o que poderia dar errado? A resposta: muita coisa.

A começar pela indústria calçadista, estabelecida sobre uma regra de vender grades fechadas de 12 pares de sapatos, numa sequência que privilegia as numerações médias (entre 35 e 38), e coloca em desvantagem 33 e 34, representados por um par de cada um.

Pedir a essa indústria que produzisse 12 pares, sendo seis deles 33 e outros seis no 34, era surreal. Alguns donos de fábrica nem ouviram nossa proposta, enquanto outros simplesmente me chamaram de doida.

Foram alguns meses, várias feiras e muitas conversas até encontrar 16 marcas dispostas a enfrentar o desafio.

Resolvido isso, seria só colocar a loja no ar, certo?

Sim. Desde que tivéssemos 250 mil para a compra a vista. Porque outro detalhe da indústria calçadista é que ela vende somente a vista nas duas primeiras compras.

Nossa melhor alternativa era encontrar investidores-anjo. O primeiro para quem mostramos o projeto foi o João Kepler. Apresentei a 33e34 num evento e ele me disse que ia pensar. Tempos depois ele me contou que no dia seguinte foi a várias lojas pesquisar a disponibilidade de sapatos nessa numeração.

Naquela noite ele ligou e aceitou ser o líder do primeiro *round* de captação. Nesse momento da 33e34 nós tínhamos uma marca, um estudo de mercado, um plano de negócios e começávamos o desenvolvimento do *site*. Éramos quatro profissionais que realmente acreditavam no nicho e um investidor-anjo que colocava sua credibilidade no nosso sonho.

Era início de setembro de 2014. Trinta dias depois assinávamos nosso primeiro investimento, com um total de 300 mil captados.

Pelo nosso planejamento, estaríamos prontos no *Black Friday* de 2014. Mas *e-commerces*, de um modo geral, ignoram planejamentos. Tivemos atraso da indústria, atraso de desenvolvimento do *site* e teve também a única crise que enfrentei com meus investidores até hoje, que ficaram frustradíssimos com os atrasos.

Obviamente eu fui muito responsável pela crise, porque criei uma expectativa de lançamento e não consegui entregar. E esse desencontro de expectativas nunca mais aconteceu. Foi uma grande lição.

A loja da 33e34 foi ao ar (ou subiu, como dizemos no *e-commerce*) no dia 20 de janeiro de 2015, às 12 horas. Às 13h40 fizemos a primeira venda.

A 33e34 cresce rápido. Dois dígitos ao mês e para alavancar o negócio em maio de 2015 nos tornamos a primeira investida da MIA (Mulheres Investidoras-Anjo) no Brasil.

A experiência de captação dessa vez foi muito mais tranquila. Os números provavam o mercado. O nicho tinha nos abraçado e nos tornamos a principal referência desse público. Além de que o projeto fazia todo sentido para o propósito da MIA, que é tornar as mulheres protagonistas de suas próprias vidas.

Gosto de dizer que a 33e34 é uma criança prodígio. Ela teve rápida tração, ela conquistou público rapidamente, conquistou espaço nas mídias e mudou um mercado muito tradicional.

O ano de 2015 passou assim: entendendo mercado, experimentando marcas e modelos diferentes, crescendo. E por todo esse ambiente de abertura de mercado, alinhado à crise vivida no Brasil, decidimos por uma nova chamada para investidores.

E em novembro de 2015, naquela tarde quente, finalmente subi pela primeira vez num palco para um *pitch*. Eram mais de 100 investidores-anjo, que assistiram a apresentação de cinco minutos e em seguida deram lances ao vivo. Captamos 225 mil.

Foi, sem dúvida, o momento mais difícil. Porque ali enfrentei meus medos mais profundos: palco, apresentação, investidores e lances ao vivo. Mas foi também um ponto de superação. Saí de lá muito mais forte do que quando entrei.

Com esse aporte inauguramos uma nova fase na 33e34: lançamento de uma marca própria, que no primeiro mês respondeu por 20% das nossas vendas e inauguração do primeiro *show room*.

É uma convergência de experiências que poucas marcas têm oportunidade de construir.

Os desafios daqui pra frente são ainda maiores. Criar uma marca é difícil. Mas torná-la referência, construir um negócio sustentável e de longo prazo é um trabalho imenso.

Entender o momento em que o sonho, que começou com uma dor tão pessoal, se transformou num negócio é um misto de realização e preocupação com o futuro.

Até hoje, não houve um dia na 33e34 que não fosse desafiador. Teve programa na Rede Globo ao vivo, teve gravação de três dias para cinco minutos de PEGN, teve revistas, jornais, *blogs*, palestras, painéis.

Toda essa gente contando nossa história. A história de uma marca que nasceu com o propósito de criar uma experiência incrível de compra para uma parcela significativa de mulheres que nunca foram atendidas com exclusividade. A 33e34 foi criada para empoderar essas mulheres.

Cada compra realizada tem uma história anterior de frustração, agora substituída por uma história de felicidade. Esse é o legado que eu quero deixar: participar de histórias felizes.

## JOVENS EMPREENDEDORES
### TATYANE LUNCAH

# A MELHOR HORA
# É SEMPRE AGORA!

## TATYANE LUNCAH

Empresária, publicitária, Coach, e comunicadora por natureza, ama escrever artigos para diversos blogs e revistas, dar palestras, e no seu canal no Youtube Dicas Inspiradoras conversa com diversas executivas e empresárias, compartilhando histórias, dicas e informações sobre o empreendedorismo no Brasil, é especialista em eventos corporativos, sua grande paixão, e nas horas vagas estuda Feng Shui, Astrologia e Filosofia. Fundadora do Grupo Projeto 10 em 1, grupo de empresas na área de comunicação, organização de eventos corporativos, *catering* e *marketing* promocional. Há 15 anos vem cuidando atentamente do desenvolvimento de suas empresas, com bastante pioneirismo, dinamismo e excelência. Dentre alguns prêmios que recebeu estão o Mãos e Mentes que Brilham, 2011, Executiva do Ano, 2012, e Mulher do Ano, 2014 e 2015, recebidos pela ADVB. Os maiores investimentos e valores dentro de sua empresa são sua paixão por pessoas, frutos e crença da presidente.

(11) 5533-8848
tatyane@grupoprojeto.com
www.grupoprojeto.com
São Paulo/SP

## JOVENS EMPREENDEDORES

*"E é quando vem a intuição, a vontade de fazer e de realizar que eu tenho certeza de que chegou o momento."*

Essa é a suma com que sigo resolvendo as adversidades e tomando minhas decisões na vida, com a missão de ser "melhor a cada dia".

Já trabalhei em várias empresas e fui feliz por onde passei, mas a vontade de empreender e ver meus planos realizados falava mais alto. Mesmo sabendo que não existiriam mais férias, mesmo dando um tchau para o meu holerite e tendo certeza de que dali em diante tudo dependeria de mim.

Eu já sabia o que queria e entendia do trabalho, então montei um plano de negócio e tomei a decisão.

Agora, como saber se sua hora chegou? Responda às questões abaixo:

1- Você entende muito do seu projeto?

2- Já montou um bom plano de negócio?

3- Tem capital? Ou a possibilidade de vender um carro? Um imóvel? Algo para investir?

4- Você acredita e entende que será a pessoa que mais trabalhará na empresa nos primeiros cinco anos?

5- É otimista?

6- Tem a mente empreendedora?

7- Não desiste perante as adversidades?

8- Está preparado para receber muito mais "não" do que "sim" nesse primeiro momento?

9- Seu produto tem qualidade?

10- É corajoso para começar?

Caso suas respostas sejam positivas, vá em frente e acredite em si próprio, em sua capacidade de criar, cocriar e de realizar. Resista, vem muito trabalho pela frente.

Sempre falo em minhas palestras que o melhor momento para empreender é quando você é jovem, saiu da faculdade e está com a cabeça cheia de ideias. Claro, passar por estágios e ter experiências em algumas companhias faz-se necessário, mas empreender antes dos 30 tem seus vários pontos a favor. Existe maior ausência de conflitos e, na maioria das vezes, a cultura brasileira de morar com os pais ajuda a economizar muito nesse primeiro momento de investimentos, o que traz certa segurança ao empreendedor.

Vale aproveitar essa fase em que as ideias estão a mil. Tudo o que precisamos no nosso país é de pessoas com a mente empreendedora, com vontade de impactar de alguma forma e de fazer diferente.

## MINHA HISTÓRIA

Aos 21 anos, eu abri o meu primeiro negócio. A decisão veio através de uma conversa informal com meus pais, meus irmãos e o meu primo Tom.

Naquele dia eu mostrei a minha vontade e capacidade de montar um negócio, mas também o medo de fracassar.

Foi aí que meu primo se lembrou de seu antigo chefe, o que mais trabalhava na empresa e todos acreditavam que esse era o principal motivo de seu sucesso. Naquele momento eu pensei: "Nunca tive medo de trabalhar, comecei aos 11 anos por vontade própria vendendo pastéis na feira, então por que não tentar dez anos depois?"

Eu nunca quis nem almejei um cargo diretivo em uma empresa, sempre pensei em ser uma profissional liberal, que pudesse cuidar dos meus horários, construir uma família, ter filhos. Então, por ser mulher, empreender sempre foi algo fácil e longe de conflitos para mim.

Quando amadurecemos surge uma insegurança do fracasso, um medo de errar, porque acreditamos que aos 30 e poucos anos temos de estar bem financeiramente, mesmo não existindo uma regra para isso.

O importante mesmo é sermos felizes onde quer que estejamos. Não devemos dar importância ao padrão de como deve ser um profissional com tal idade, tantas pessoas incríveis começaram a empreender depois dos 40 e montaram excelentes negócios.

"Empreender é a paixão por um sonho, é olhar além do horizonte."

## MINHA CARREIRA

Comecei aos 11 anos de idade trabalhando na feira, na barraca do pai de uma amiga. Fato que meus pais não compreenderam tão bem. Minha família era de classe média, nem baixa, nem alta, eu apenas queria o meu próprio dinheiro.

A partir dali, eu nunca mais parei.

Foi atendendo os clientes na feira que percebi que gostava de agradar meu público final. Sabia fazer e fazia com muita alegria, e sempre preocupada com o conforto e bem-estar de cada um deles.

Aos 14 anos me tornei *office girl* numa indústria de molas. E já depois do meu primeiro mês fui promovida, passando para o departamento de vendas e tendo como primeiro cliente a gigante Autolatina, a junção da Ford com a Volkswagen. Foi um ano de grandes aprendizados, em que nasceu a paixão por atender grandes e importantes clientes, nesse caso, multinacionais.

Com 15 anos fui trabalhar como elenco de apoio no SBT. Uma época muito interessante, na qual vivenciei um mundo de *glamour*, participando de sessões de foto, desfilando e fazendo recepção em feiras e eventos. Conheci muitas pessoas e vi então a possibilidade de um negócio: como não gostava da maneira que as agências tratavam seus colaboradores, tive o *insight* de que poderia fazer algo de valor.

Iniciei aos 18 anos o trabalho com *marketing* multinível, trabalhei por dois anos e aprendi muito, uma grande faculdade para mim. Conheci Tony Robbins, meu guru nos negócios, fiz cursos de Programação Neolinguística, liderança, motivação, aprendi técnicas de vendas e o principal: amar, respeitar e ajudar as pessoas a realizarem seus objetivos.

A empresa, que era italiana, encerrou suas atividades no Brasil. Logo, voltei com minha ideia inicial de empreender em uma agência. Trabalhei por dois anos até conseguir abrir a Projeto Eventos e, assim, começou a realização do meu plano de negócio.

Conto a minha experiência em dez anos de trabalho aqui no livro porque foram muitas conexões até então e uma coisa sempre levou a outra. As vendas de pastel na feira me trouxeram a certeza de que eu amo atender o público. A Ford e a Volkswagen me mostraram que eu amo o desafio de atender empresas de grande porte. A área artística me fez perder a timidez e a enxergar uma oportunidade de negócio. O *marketing* de rede me ensinou a entender e compreender mais o ser humano e as suas competências. A agência de promoção me ensinou um pouco mais sobre a área e me permitiu ter a certeza de que esse seria o meu grande trabalho.

"A escola da vida é a melhor para um empreendedor, é fundamental e necessário ter o domínio, saber as técnicas e as ferramentas, mas é no dia a dia, com a barriga no balcão que se fazem as vendas."

## O PLANO DE AÇÃO

Eu tinha experiência e não tinha dinheiro. Mas tinha um carro e um sonho de empreender.

Vendi meu carro, aluguei uma sala de 28m2, contratei uma assistente e bingo! Ali nascia a Projeto Eventos.

Como fazer para que acreditem na sua ideia?

Mulher, 21 anos, dois anos de experiência em agências de comunicação e uma vontade enorme de fazer melhor.

Naquele momento eu precisava fazer com que as pessoas acreditassem na minha ideia, a maioria dos meus clientes são empresas de grande porte, todos muito sérios, diferente dos jovens empreendedores de hoje em dia. Minha arma foi me vestir e me portar como uma pessoa mais velha. Mudei meus hábitos para os de uma mulher madura, sempre usando terninhos, de todas as cores, muito contida, comprometida, sem tempo para brincadeiras. E eu acredito muito no poder dos três minutos iniciais, é nesse momento que você ganha ou perde um cliente, os minutos iniciais são as primeiras impressões.

Assim que conseguia o *briefing* eu sabia que ganhava um novo cliente. Boas ideias, preços e entrega perfeita sempre nortearam a nossa empresa desde o primeiro dia.

Sei que o *marketing* "boca a boca" funciona e muito, então sempre me preocupei em fazer algo incrível. Sendo assim, o nosso primeiro cliente é nosso cliente até hoje, 15 anos depois.

**"Os três minutos iniciais são literalmente o seu cartão de visita, ou você faz um *pocket show* com maestria, ou engaveta seu projeto."**

## LIDERANÇA

É um desafio e tanto liderar pessoas mais velhas que você. Fiquei durante muito tempo trabalhando com pessoas com cinco, dez e 20 anos a mais que eu. Isso era desafiador para mim. Acredito muito na escola da vida, de que aprendemos diariamente a sermos melhores, e eu ali, com uma vontade tremenda de fazer acontecer e de liderar esse time, o que poderia fazer?

Ler muito, me preparar, estudar, fazer cursos de liderança, saber ouvir o externo e o interno. Ouvia muito minha intuição e sempre acreditei que devemos ter ao nosso lado os melhores. O nosso *slogan* é "um grupo, os melhores talentos". Por isso, eu penso que acreditar nas pessoas que te ensinam diariamente, de alguma forma, te faz um bom líder.

Todo mundo erra, mas são poucos que pedem perdão. Então, todas as vezes que tomei uma decisão errada, sempre pedi desculpas pelo meu erro e lancei a seguinte frase de imediato: foco no presente e meta no futuro, porque é lá que o nosso sucesso sempre estará.

**"O bom líder é aquele que consegue unir um time com mais competências do que as suas próprias competências."**

## MERCADO COMPETITIVO

Saber que seu produto tenha valor e não preço faz com que você se sinta mais encorajado para o mercado de trabalho.

Ter valor é o que realmente sua empresa é. Quais são suas metas? Seu comprometimento com o cliente e seus fornecedores? Seu time de colaboradores? Sua visão para o mundo?

Sua essência e seus princípios os clientes absorvem e, por isso, buscam trabalhar com empresas que os representem. Dessa maneira, você os conquista, se valorizando e mostrando o real valor do seu trabalho.

"Preço o concorrente pode ter. Valor como o seu ele nunca terá, pode ser maior ou menor, mas nunca igual."

## O GRUPO PROJETO 10 EM 1

Em 2001, fundei a Projeto Eventos, uma agência especializada em organização de eventos corporativos. Após um ano, abrimos a Supremo Trade *Marketing*, especializada em contratação de mão de obra temporária e ações de promoção. Em 2003, a Nectar Gastronomia, especializada em *catering*. Ao longo desses 15 anos abrimos várias outras empresas, das quais algumas são *startups*. No grupo ainda temos a Titanium Log, CRM Inc., Gaia

Gifts, Scenografia, Crono Digital, Nix Ideias e Agência Coligada. Cada uma focada em um serviço, ao mesmo tempo em que se complementam.

Foi uma maneira que conseguimos de oferecer todos os serviços e atender nossos clientes de uma maneira 360º, com qualidade, grandes ideias e custos competitivos.

O Grupo vive um novo momento de posicionamento e trabalho diário para nos mantermos cada vez mais firmes no mercado. Mas também sinto que já construímos muito, para nós mesmos e nossos clientes. E somos adolescentes curtindo o nosso momento, nos preparando para a maturidade.

*"Não adianta eu amar a minha empresa, o meu cliente precisa amá-la primeiro."*

## MINHA FAMÍLIA

Eu tenho um ótimo exemplo de trabalho em família. Minha mãe foi minha primeira colaboradora, acreditou e ainda acredita muito em mim, me dá a certeza de fazer um trabalho honesto, comprometido e melhor todos os dias. Meu irmão mais velho veio trabalhar comigo depois de quatro anos de empresa e, hoje, é meu sócio.

Meu irmão mais novo, aos 16 anos, também ingressou na sua carreira aqui no Grupo. Depois vieram as cunhadas e o meu sobrinho por último. Posso dizer que é uma família empreendedora ao invés de falar que é uma empresa familiar, todos têm sua responsabilidade e acredito na meritocracia a todos colaboradores, temos sócios que não são da família, mas sim por sua competência e garra diária, e nada é facilitado por questões que não sejam profissionais, cada um trabalha em um departamento e o profissionalismo é sério, o tempo todo. Não misturamos os laços familiares, mas eu enxergo um amor muito grande.

As três coisas que mais amo são a minha família, minha equipe e meus clientes, e é por eles que não meço nenhum esforço para continuar construindo sempre.

Amo gente, estar com as pessoas, aprender com as pessoas. É motivador, aprendo com meus colaboradores e clientes o tempo todo.

*"Somos uma família empreendedora, e não uma empresa familiar."*

## DICAS INSPIRADORAS

Neste ano de 2016 surgiu o convite da Natalia Leite, jornalista e sócia da Ana Paula Padrão na Escola de Você (uma plataforma e escola *online* fantástica para empreendedoras), de gravar um vídeo sobre o livro que saiu no ano passado, dessa mesma editora, o "Dicas de Mulheres Inspiradoras". E foi depois desse vídeo, falando com a editora e motivada pela minha sócia na Crono Digital, que criei o meu canal no Youtube Dicas Inspiradoras, onde converso com executivos, que compartilham suas dicas, pensamentos e aprendizados.

Eu, particularmente, não acredito em uma fórmula do sucesso, mas acredito em trabalho duro, boas ideias e muita realização.

Compartilho com vocês algumas **Dicas Inspiradoras**:

### FOCO

Tenha na sua lista no máximo cinco prioridades, dessa maneira você conseguirá cumpri-las e se tornar uma pessoa de execução. Procrastinação é algo que não deve existir no vocabulário de um empreendedor, você deverá ser o mais engajado no seu projeto.

"Manter-se no positivo e focado é um exercício diário, comece aos poucos até que eles verdadeiramente façam parte de quem você se tornou."

### DETERMINAÇÃO E PERSISTÊNCIA

Seja persistente. Muitos "não" surgirão diariamente, mas, se ontem não deu certo, amanhã pode dar. Foque no poder do agora, foque nos seus objetivos, na sua meta e no resultado. Vejo muitos empreendedores focando em algo de longo prazo, ou algo que não é tão usual. Fique atento para ver se o seu negócio é lucrativo.

"Se ontem não deu certo, hoje pode dar."

### TRABALHO DURO

Sacrifício. Nos primeiros sete anos do meu negócio, eu trabalhei todos os sábados de manhã, acordava às 5h. Enquanto alguns estavam em festas, eu estava trabalhando, estudando, estava criando o meu negócio. Então você deve plantar muito agora, para colher alguns anos depois, se você o fizer o resultado voltará para você, acredite.

"Eu sempre faço metas para cada cinco anos, e corro muito para alcançá-las, até hoje todas foram cumpridas, é um compromisso comigo mesma, que me motiva a seguir em frente, trabalhando muito."

## PAIXÃO

Você precisa amar verdadeiramente a sua ideia, o seu negócio, as pessoas que trabalham com você, seus clientes. Se você tem paixão, não reclame, muitos não têm. Paixão verdadeira precisa ser de ambos os lados, é necessário fazer com que seus clientes sintam o mesmo por sua empresa.

"Paixão nos negócios e sentir as borboletas na barriga a cada conquista."

## RESPONSABILIDADE

Não terceirize as oportunidades, o reclamar se torna um hábito. Traga as responsabilidades para você, assuma a sua vida.

Responsabilidade é o seu comprometimento com todos que confiam na sua gestão, é estar de corpo e alma, é assumir seus compromissos, honrar sua agenda, ser educado com aqueles que o cercam e que trabalham para que seu negócio seja um sucesso.

"O dia em que me tornei empresária, me tornei responsável por todos que confiam e acreditam em mim."

## CERQUE-SE DE PESSOAS BOAS

"Cerque-se de pessoas fantásticas para o seu time e confie, tenha segurança." Francesca Romana Diana, *designer* de joias.

Ter um time de ponta é aprender diariamente com os melhores, é ter uma entrega perfeita, é confiar que juntos irão mais longe. Ter um bom *networking* também é fundamental para o sucesso do seu negócio. Esteja com gente que te apoie, que confie em você e te motive.

Não entre no problema, foque na solução.

Problemas acontecem diariamente, foque no resultado da mesma maneira que lhe foi colocado. Não desista e não se desespere. Pense, reflita numa nova possibilidade e ela virá.

Imagine o tempo perdido pensando no problema, da mesma maneira que ele chegou liste três possibilidades de solução, delibere, pense, e então decida o que fazer, mas a ação tem de vir em seguida, nada mais frustrante do que uma ideia que solucionaria engavetada.

*"Reflita, delibere, decida e acione, nada de focar no negativo, o empreendedor é sempre focado no positivo."*

## SEJA CARA DE PAU

Busque referências daquelas pessoas que deram certo e que você acredita que sejam bem-sucedidas. Tenha interesse por seus hábitos, o que leem, o que falam, quem são. Se elas conseguiram, você, da sua maneira, certamente também pode.

*"Você só saberá a resposta após tentar, o não você já tem, vamos tentar o sim?"*

## GOSTE DE GENTE

*"Não é possível empreender sem gostar de gente, você vai precisar delas para ser um bom empreendedor."* Sonia Hess, Dudalina

Sozinho você não passará de um pequeno empresário. Caso sua vontade seja de expansão, trabalhe duro no começo e depois monte um time de confiança. Comece a gostar da sua equipe, senão suas tão sonhadas férias nunca virão.

## PRINCÍPIOS

*"Descubra qual a sua essência, e essa será a essência do seu negócio. Não abra mão dos seus princípios, da sua raiz, da sua família."* Luiza Helena Trajano, Magazine Luiza

Caráter é algo que as pessoas têm ou não têm, não existe a possibilidade de ser bom nos negócios e ruim dentro de casa, as pessoas são por inteiro. Tudo em que você acredita, sente, ensina, será o DNA da sua empresa, geralmente em uma empresa onde os princípios não foram definidos seus colaboradores são confusos em relação ao futuro da companhia. Desenvolva com seu time o seu plano, quais são seus valores e o que realmente é importante para a saúde vital do seu negócio.

Como o caminho só se faz caminhando, não pare nunca. Comece e depois me conta aonde você chegou.

Sucesso sempre.

# JOVENS EMPREENDEDORES
## TIAGO GALVANI

# NÃO HÁ SEGREDO, MAS MUITO TRABALHO!

## TIAGO GALVANI

*Sócio-diretor da* Trade Force S.A, empresa que transformou a gestão da área de *Trade Marketing*, tornando o PDV uma fonte estratégica de recurso para tomada de decisão. Antes de empreender atuou durante nove anos na Multinacional Alemã Siemens.
Membro do Lide Futuro, grupo jovem de líderes empresariais do Grupo Dória.
Economista e pós-graduado em Administração, ambos na PUC-SP.
Pai do Theo e da Nina, suas fontes de inspiração!

(11) 98114-4429
tiago.galvani@gmail.com
www.tradeforce.com
São Paulo/SP

## JOVENS EMPREENDEDORES

Comecei minha carreira em uma multinacional alemã. Meu pai, que é empreendedor e professor universitário, sempre me dizia: "Erre e aprenda agora para você não errar na sua empresa". Ele tinha razão, pois um erro em uma instituição do porte em que eu estava não causaria tantos danos como causaria se estivesse em uma *startup*. Mas aprendi que o erro faz parte do empreendedor, e é importante tê-lo, desde que se aprenda com ele.

Como comentei acima, tive a sorte de poder trabalhar em uma multinacional alemã (Siemens), mas, além disso, também ser sócio-fundador de uma *startup* que não deu certo (Beneficia), voltar ao mercado como executivo de uma *startup* de sucesso (FS VAS) e voltar ao empreendedorismo como sócio de uma empresa que está dando certo (Trade Force). Isso me deu uma bagagem e experiência para entender alguns pontos que julgo importantes e gostaria de compartilhar com vocês.

Mas, antes, gostaria de falar um pouco do histórico da Trade Force, empresa de que sou sócio e responsável pela área comercial. A Trade Force é uma empresa focada no mercado de *trade marketing*. Desenvolvemos um produto para facilitar a gestão do time de campo e principalmente a execução no ponto de venda (PDV). Entenda-se execução como qualquer dado ou pesquisa que necessite ser coletada em campo.

A ideia surgiu a partir do momento em que observamos que 80% da decisão de compra do consumidor se dá no PDV e, há cinco anos, não conseguíamos informação rápida e confiável para nenhuma tomada de decisão. Os promotores normalmente utilizavam papel e caneta na coleta de dados, além do fato de que não se tinha como provar se, efetivamente, aquele profissional (normalmente o promotor de vendas) realmente estava no PDV em que deveria estar. Ou seja, não era possível medir a eficiência nem o desempenho do seu trabalho. Na época, já existiam algumas aplicações para melhorar a efetividade, mas nenhuma contendo os conceitos que achávamos importantes para a aplicação. Na nossa visão, a ferramenta deveria ser SIMPLES, AMIGÁVEL, EFICIENTE e fácil de ser IMPLEMENTADA.

Em agosto de 2012, iniciamos a operação em parceria com uma agência de *trade marketing*. Éramos a ferramenta que eles utilizavam em seus clientes. Neste período observamos que a maior demanda para ter dados transparentes e confiáveis vinha da indústria, e começamos a trabalhar para mostrar para as indústrias que colocavam seus produtos no varejo que elas poderiam ter informações de ponta para melhorar a tomada de decisão. E vimos que a decisão foi acertada!

Até então, a Trade Force não gerava caixa para manter sua operação, afinal, estávamos crescendo e precisávamos de mais pessoas trabalhando. Em janeiro de 2014, tivemos a entrada de um fundo para investirmos no crescimento da empresa. Este momento foi muito importante, pois desta forma conseguimos melhorar a qualidade do produto, mudar de escritório para dar mais conforto ao time e investir na área comercial, desenvolvimento, suporte e operações. Em pouco tempo ganhamos massa e credibilidade.

Hoje, a Trade Force é a líder no seu mercado de atuação, com clientes expressivos em várias verticais diferentes e também atuação em mercados internacionais. Ainda não estamos perto de onde queremos chegar, mas para chegar até aqui tivemos muitas noites em claro, muito tempo longe da família, escritório com goteiras, mesa de "madeirite" com fiapo machucando os braços e muitas incertezas.

Apesar de termos conseguido sucesso no mercado em que atuamos, observamos muitas oportunidades em outros mercados que conceitualmente são parecidos com o de trade *marketing*, ou seja, temos ainda muito potencial de crescimento e estamos trabalhando arduamente para conquistá-los.

Não existe uma cartilha a seguir para que uma empresa dê certo, mas alguns pontos julgo importantes, como os listados abaixo:

## IDEIA

Tenha uma ideia bem definida, mas entenda que ideia no papel não significa nada. É importante testá-la na prática, conversando com o mercado, potenciais usuários e amigos. Com certeza, após digerir os comentários e críticas, a ideia se encorpará e ficará mais viável.

Se alguém disser que será fácil, não acredite. Tirar a ideia do papel é bem difícil e precisa de disciplina e perseverança.

## SÓCIOS

A escolha dos seus sócios é muito importante. Vocês devem se complementar e, principalmente, todos precisam ter senso de "dono do negócio". Escolha seus sócios por competência, não por amizade. Além disso, deixe muito claro qual a função de cada um e onde cada um irá atuar.

Os sócios devem se cobrar diariamente e saber separar a amizade do negócio. É muito importante escutar uns aos outros para o bem da empresa.

Aqui na Trade Force temos muito claro qual a competência, o perfil e onde cada um pode performar melhor. A relação é de transparência pura, discussões de melhoria em cada área são feitas quase diariamente. Não existe "melindre" ou "dono da verdade", as discussões são para o crescimento da empresa, até porque sabemos que a concorrência está trabalhando a todo vapor para nos tirar da liderança.

## MERCADO

Estude o mercado e foque em um nicho. Cuidado com a síndrome do Urso Pardo, se for muito generalista no começo, não conquista nenhum mercado. A saber, na época da desova do salmão, os peixes sobem os rios em grande quantidade, gerando uma oferta enorme de comida aos ursos, e é aí que mora o problema. Como a demanda é grande, o urso sempre acha que vai aparecer um salmão maior ou mais carnudo na frente dele e deixa as oportunidades passarem.

Tão importante quanto analisar o mercado é estudar os seus concorrentes. Não necessariamente seu concorrente faz exatamente o que você se propôs a fazer, mas verifique se há produtos similares, complementares. Para convencer o cliente a adquirir seu produto, você deve estar preparado para convencê-lo de que a sua solução é a mais apropriada para ele.

Quando a Trade Force entrou no mercado, observamos que tínhamos centenas de concorrentes ou empresas que poderiam facilmente migrar para nosso mercado. Propusemo-nos a sermos os melhores e fazer a diferença, afinal, apesar de ter bastante gente no mercado, ninguém ainda tinha conseguido dominá-lo.

## RECEITA RECORRENTE

Se a empresa tiver um foco B2B, acredito em um negócio que gere receita recorrente e principalmente que seja escalável, isso é muito importante para um crescimento sólido. A importância da receita recorrente é conseguir trabalhar muito melhor com o fluxo de caixa da empresa.

Outro ponto: defina claramente qual será o pró-labore de cada sócio. Não confunda o faturamento da empresa com retirada dos sócios, isso pode quebrar a empresa.

## PROPÓSITO

Nunca tenha uma empresa pensando em ganhar dinheiro. A empresa precisa ter um propósito, um porquê de existir. O dinheiro é consequência da busca do seu propósito.

Na Trade Force, começamos a crescer como empresa a partir do momento em que colocamos em prática nosso propósito, que era transformar o mercado de *Trade Marketing*. Nosso desafio era tirar o estigma de que *trade marketing* é uma área operacional e transformá-la em área estratégica dentro da empresa.

Para o mercado enxergar nosso propósito, não podíamos ser vistos como uma ferramenta de coleta de dados do PDV e, sim, transformar a coleta em parte de um processo para entregar informação ao cliente e ajudá-lo na tomada de decisão. Não entregamos um aplicativo e, sim, um dashboard com os principais indicadores definidos pelo cliente, e isso norteia as decisões e caminhos que os executivos das empresas tomarão.

## PROCESSOS

Talvez a dica mais importante e que demoramos para aprender é que a empresa, desde o início, deve ter seus processos bem definidos e respeitados. Quando a empresa começa a crescer entendemos a importância deste item.

Normalmente, é muito complicado respeitar os processos e, no início, parece estarmos burocratizando a empresa. No entanto, esta impressão some a partir do momento em que a empresa começa a crescer. Processos bem definidos agilizam as tomadas de decisão e as entregas aos clientes.

Eu, particularmente, por ter um perfil comercial muito forte, senti muita dificuldade no início em seguir os processos definidos pela empresa. Com o tempo, percebi a importância desse tema e hoje sou um fã incondicional deste item.

## FAMÍLIA

No início, a empresa demanda muito do empreendedor, fazendo com que ele trabalhe 12, 14 horas por dia, quando não é necessário virar a noite para fazer alguma entrega, o que nos deixa muito tempo longe da família.

Por isso, antes de você vender o projeto para um cliente ou um investidor, venda o seu projeto para a sua família. Ela deve ser a primeira a comprá-lo e apoiá-lo. O projeto não deve ser somente seu e, sim, de sua família.

No caso da Trade Force, um caso muito curioso ocorreu. Além de mim, mais dois sócios aguardavam o nascimento do segundo filho, no mesmo período. Eram três sócios com bebê em casa, dividindo a atenção com o início da empresa. Tenho certeza de que foi um dos grandes aprendizados que tivemos, todos hoje entendem muito bem a importância de estar próximo da família e separam um bom tempo para curtir os filhos.

## AMOR

Faça algo que realmente ame, não tenha dúvida que isso fará com que seu trabalho tenha uma qualidade muito superior, além do fato de que, como já comentado acima, você trabalhará mais de 12 horas por dia. Para aguentar esta rotina, somente fazendo o que ama. Quando fazemos as coisas com prazer, somos muito mais produtivos.

O que me dá mais motivação de continuar é escutar de um cliente que meus olhos brilham quando falo de meu produto, é passar ao cliente que realmente você acredita no que está vendendo e que isso irá gerar valor para ele.

*"Faça da disciplina um lema, da dedicação uma bandeira e da paixão pelo trabalho um exemplo." Ayrton Senna*

## VENDAS

Apesar de cada pessoa ter um perfil diferente, em um novo negócio, todos os sócios e colaboradores devem ser vendedores, e não devem ter vergonha disso, afinal, a razão de a empresa existir é a venda de seu produto ou serviço no mercado. Escutei isso em uma mentoria com a Luiza Helena Trajano e levo comigo desde então. Não sou sócio da empresa, sou vendedor da minha empresa.

## PESSOAS

Contrate sempre pessoas melhores que você, ou que tenham potencial para serem melhores. A empresa é feita de pessoas, e para crescer deve-se delegar. Portanto, tenha os melhores talentos.

Para finalizar, gosto de seguir à risca dois conselhos muito divulgados pelo empresário Jorge Paulo Lemann.

1- **SONHE GRANDE.** Sonhar grande tem o mesmo custo de sonhar pequeno, mas quando sonhamos grande conseguimos elevar nossa criatividade e trazer novas ideias para o negócio, além disso, nos sentimos mais corajosos de enfrentar dificuldades para atingir aquele sonho.

2- **SEJA A MELHOR EMPRESA DO SEU MERCADO**, pois consequentemente será a maior.

Sucesso e até mais!

Prezado leitor,

Você é a razão de esta obra existir, nada mais importante que sua opinião.

Conto com sua contribuição para melhorar ainda mais nossos livros.

Ao final da leitura acesse uma de nossas mídias sociais e deixe suas sugestões, críticas ou elogios.

- WhatsApp: (11) 95967-9456
- Facebook: Editora Leader
- Instagram: editoraleader
- Twitter: @EditoraLeader

Editora **Leader**.